# LETTRE A L'AUTEUR ANONYME

## DE DEUX PRÉTENDUS EXTRAITS

*INSÉRÉS dans le Journal des Savans des mois de Nov. & Déc.* 1773.

PUBLIÉS

*CONTRE LE PLAN GÉNÉRAL ET RAISONNÉ du Monde Primitif analysé & comparé avec le Monde moderne,*

ET

*CONTRE LES ALLÉGORIES ORIENTALES ou le Fragment de Sanchoniaton, &c.*

PAR M. COURT DE GEBELIN.

Non ego mordaci distrinxi carmine quemquam. *OVID. Trist. L. II.* 563.



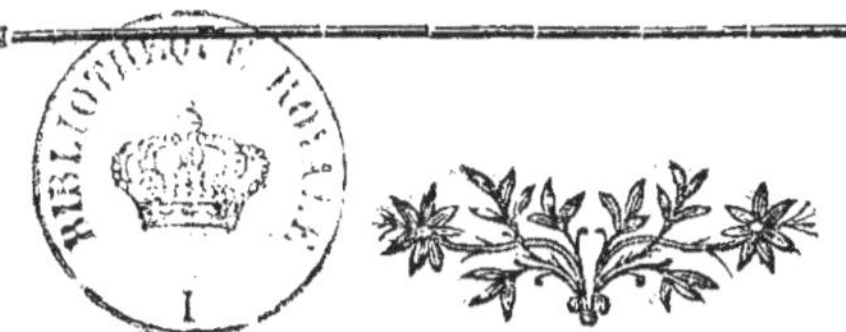

*A PARIS,*

De l'Imprimerie de VALLEYRE l'aîné, Imprimeur-Libraire, rue de la vieille Bouclerie, à l'Arbre de Jessé.

M. DCC. LXXIV.

# LETTRE
## A L'AUTEUR ANONYME
### *DE DEUX PRÉTENDUS EXTRAITS*
## DU MONDE PRIMITIF.

» J'AVOIS résolu, Monsieur, de garder le silence, (1) parce que mon dessein » n'est pas de m'engager dans aucune *dispute* littéraire, & que j'aime beaucoup » mieux m'aprocher de mon but, que de m'arrêter ainsi dans la route.... Mais » comme on fait naître des difficultés pour avoir le plaisir de les combattre, » qu'on me fait dire ce que je n'ai pas dit, qu'on déguise en plusieurs occa- » sions la vérité, & que par-là on ne laisse pas que d'en imposer à la partie » du Public qui n'entreprend pas d'examiner à fond cette matiere, j'ai cru » devoir répondre en peu de mots, afin de détruire les impressions que *vos* » *Extraits* peuvent faire naître.

» Je cherche la vérité sans détours : je serai charmé que mes observations » se trouvent fondées ; mais si par hazard je venois à en découvrir le faux, » je serois le premier à m'en désister. Je recevrai avec plaisir les avis *solides* » dont on voudra bien me faire part : j'en ferai usage ; mais, je le répete, je » ne veux point combattre perpétuellement des réflexions trop *précipitées* & qui » n'ont point été *méditées*.

Je pense comme M. de Guignes, & c'est avec beaucoup de regret que je vais consacrer à la défense de mon ouvrage, un tems qu'il m'eût été plus agréable d'employer plus utilement & pour les autres & pour moi.

---

(1) Réponse de M. de Guignes aux doutes proposées, &c. Paris, chez Michel Lambert, 1757.

Si le désir & l'espérance de contribuer par mes recherches à l'accroissement des connoissances humaines, ne me font pas illusion, je crois pouvoir dire que tout vous apartient, Monsieur, dans l'idée que vous voulez donner au Public du *Monde primitif.* L'ouvrage est par-tout en contradiction avec vos Extraits; & je ne connois aucun Écrivain versé dans ces matieres, qui ne me paroisse avoir contredit d'avance le jugement que vous en avez porté. Cependant je n'en veux rien conclure contre votre critique; il est possible que je me sois mal exprimé, ou que j'aye mal saisi l'esprit de nos Maîtres dans ce genre de littérature & d'érudition. Mais comme il m'en couteroit, je l'avoue, pour sacrifier sans examen le travail de toute ma vie, vous ne trouverez pas mauvais sans doute, que je fasse devant le Public une espéce de recensement des principes que j'ai suivis: peut-être serai-je assez heureux pour qu'il m'affermisse dans une route où vous ne montrez que des sujets de découragement.

J'ai rassemblé beaucoup de matériaux sans autre dessein que celui de me rendre utile: dois-je supposer que c'est aussi pour vous rendre utile que vous avez rassemblé contre moi tous les traits de la censure la plus aigre & la moins instructive? Vous avertissez le Public dans vos deux Extraits, que je suis *ignorant*, *présomptueux*, dominé par une *imagination* qui *m'égare sans cesse*; que *tout mon travail* n'est propre qu'à jetter *du ridicule sur la bonne érudition*; enfin, que je suis un *enthousiaste*, un *visionnaire*, & que *le simple exposé de mes idées, en est la réfutation.* Je vais tâcher de mettre nos Lecteurs en état d'aprécier le service que vous avez voulu leur rendre.

## *Langue Primitive.*

La Langue qu'ont parlé les premiers hommes ne peut être distinguée plus clairement de toutes les autres, qu'en la nommant *Langue Primitive.* Si cette Langue s'étoit conservée toute entiere chez un Peuple connu, elle n'auroit rien perdu de son antériorité; ainsi quoique ce fût une Langue actuellement parlée, il faudroit encore la nommer *Langue Primitive.*

Si en examinant les mots essentiels des Langues mortes & des Langues vivantes, on parvenoit à découvrir qu'en tout tems & par-tout, ces mots ont eu & ont encore à peu près le même son, & qu'ils ont conservé le même sens; que les altérations qu'ils ont reçues chez les différens Peuples sont fondées sur le génie de la Langue composée qu'ont parlé ou que parlent encore ces Peuples, ne seroit-il pas évident que la *Langue Primitive* a toujours existé, qu'elle existe aujourd'hui, quoique disséminée entre toutes les Nations; qu'il suffiroit de rassembler les mots épars qu'ont employés les premiers hommes, & qui servent de base à toutes les Langues connues, pour former le Vocabulaire de la Langue Primitive ? J'ai osé le penser, j'ai osé le dire, j'ai osé promettre de donner ce Vocabulaire.

Pour vous, Monsieur, vous avez pris une route plus courte, moins fatiguante. *Nous osons le dire*, ce sont vos propres termes, *l'intelligence de SA Langue Primitive* & de son Génie Allégorique, ne sont *que de pures imaginations*. Dussiez-vous encore m'accuser de *présomption*, je vous avouerai que, malgré la confiance avec laquelle vous dictez au Public le Jugement qu'il doit porter, mes espérances sont toujours les mêmes. J'ajouterai de plus, qu'elles se sont fortifiées par l'attention, je pourrois peut-être dire, par la prudence avec laquelle vous attaquez tout dans vos deux Extraits, sans jamais entrer en *preuves*, sans vous exposer même à entrer en discussion sur rien. Je crois devoir suivre, en me défendant, une méthode plus modeste & plus persuasive. Voici ma profession de foi & ses garants.

» *Toutes* nos Langues, *depuis l'Océan jusqu'au Japon*, offrent les *vestiges* d'une ancienne Langue *répandue dans toutes ces Contrées*... Ainsi les mots communs aux Bretons, aux Germains, aux Latins, aux Grecs, aux Esclavons, aux Finnons, aux Tartares, aux Arabes, &c. *& le nombre en est grand*, sont *un reste* d'une Langue ancienne *commune à tous ces Peuples* : ensorte qu'on est forcé de convenir qu'il y eut un tems où l'*Europe & l'Asie* ne formerent qu'un seul Empire où l'on parloit la même Langue, ou plutôt que TOUS LES PEUPLES n'ont été que des Colonies *d'une même souche* ».

» On peut diviser *toutes les Langues* d'Europe & d'Asie en deux grandes Classes ; les *Japhétiques* & les *Araméennes*. Les premieres renferment *toutes* celles de l'Europe & du Septentrion de l'Asie : les secondes sont les Langues du Midi. Ainsi les Langues Arabe, Syriaque, Chaldaïque, Hébraïque, Punique, Ethiopienne, Egyptienne, Persanne, Armenienne & Georgienne *sont sœurs* (1). «

Il est vrai que la Langue primitive n'existe nulle part ; » mais on en trouve » les *débris* & les *restes* dans *toutes* les Langues (2) ».

» L'Hébreu se parle encore & se publie dans une infinité d'Ouvrages par

(1) Miscellan. Berolin. T. I. Essai sur les Origines des Peuples *par la Comparaison des Langues*, de LEIBNITZ.

(2) GROTIUS, Comment. sur la Gen. Ch. XI. 15.

» ses dialectes, le Syriaque, le Chaldaïque, le Cophte, l'Ethiopien, qui en sont si peu différens que le nom de Chaldéen leur est commun à tous..... Il ne faut que médiocrement d'esprit & une attention peut-être un peu plus que médiocre, pour entendre toutes ces Langues l'une par l'autre. » (1).

» Les Langues Phénicienne, Syrienne & Grecque, ne sont que des Dialectes *d'une Langue générale*, répandue autrefois *dans l'Orient & en Afrique*; & qui, suivant la diversité des pays, a pris le nom de Langue Phénicienne, Punique, Syriaque, Chaldaïque, Palmyrenienne, Hébraïque, Arabe, Ethiopienne.... Je ne crains pas d'avancer que la conformité de la Syntaxe Égyptienne, avec celle des autres Langues de l'Orient, est très-grande..... Il y a donc *une chaîne* qui aboutit de la Chine à l'Égypte, & qui de-là se replie dans la Phénicie, dans la Gréce, & *peut-être plus loin* encore. » (2).

» Si l'on trouve des vestiges de tous ces Dialectes Orientaux (les Langues de Lydie, de Phrygie, de Phénicie, d'Égypte, de Syrie, &c.) dans la Langue Étrusque, on doit les raporter à la *Langue Primitive* dont les semences se répandirent de tous côtés & dans toutes les Contrées du Monde. » (3).

» On ne peut douter que *la premiere Langue* n'ait été *très-simple* & sans *aucune* composition. Il semble que toutes ces qualités conviennent mieux à la Langue Hébraïque qu'à aucune autre : car les mots de cette Langue n'ont jamais dans leur origine plus de trois lettres ou de deux syllabes ; & il y a même de l'aparence qu'il y avoit dans les commencemens beaucoup plus de monosyllabes. On commença à dire *had* (un) au lieu qu'on dit maintenant *ahad*.... La Langue Hébraïque est plus simple que l'Arabe & le Chaldéen, & ces deux dernieres sont plus simples que la Grecque & la Latine..... Pourvû qu'on distingue exactement les Lettres principales qui ont composé dans les commencemens chaque mot, d'avec celles qui y ont été ajoutées, *on remontera AISÉMENT à la premiere Langue*...... Si je ne craignois d'être trop long..... je montrerois *par différens exemples*, de quelle maniere les Langues qui

(1) THOMASSIN, Méthode d'étudier & d'enseigner les Langues. Paris 1693. T. I. p. 35. 37.

(2) Mém. de l'Acad. des Inscr. & Bel. Let. Tom. XXXII. Diss. de M. l'Abbé BARTHELEMY sur le Raport des Langues.

(3) Traité de Jean-Baptiste PASSARI sur le Raport de la Langue Etrusque avec la Langue Grecque, inséré dans le second Tome des Symboles Littéraires de Florence.

étoient fort simples dans leur origine, se sont augmentées peu à peu. » (1).

» Les premiers hommes ont parlé vraisemblablement *par-tout* le premier jargon qu'ils avoient formé pour leur usage, & qu'ils ont apris à leurs enfans. Ce Langage *aussi ancien que le monde*, ces termes originaux, doivent donc *se retrouver chez tous les Peuples*, & les racines Hébraïques doivent être aussi *les racines de tout l'Univers* ».

» Un homme transplanté hors de sa Patrie, conserve jusqu'à la mort sa Langue maternelle.... Pourquoi ne dirions-nous pas des Peuples entiers, ce qui est si vrai à l'égard de chaque particulier? Ils ont porté avec eux dans leurs migrations *leur premier langage*, ces termes *courts*, simples, qui *peignent les sentimens & les objets*; que la Nature encore brute suggéroit aux premiers hommes & qu'ils ont transmis d'abord *à leurs enfans*. Ceux-ci les ont *différemment combinés* pour exprimer leurs nouvelles connoissances.... *C'est ce qui fait encore aujourd'hui* LE FONDS *de toutes les Langues*. Le Genre-Humain, divisé en tant de Familles nombreuses, n'a point oublié l'ancien jargon de la Maison paternelle: il prononce dans sa vieillesse *les mêmes sons* qu'il a bégayés dans son enfance ».

» Ceci est une question de fait. Trouve-t-on.... dans le Grec, par exemple, dans le Latin, dans le François, *ces mots primitifs & monosyllabes* que je prétends être les vrais élémens de la Langue Hébraïque? *Y conservent-ils le même sens, ou du moins un sens analogue?* Si l'on peut le faire voir, la question est décidée; ces mots sont *les restes précieux de la premiere Langue*, par conséquent *la clef de toutes les Langues du Monde*. Ils n'apartiennent pas plus à celle des Hébreux qu'à toute autre; mais ils y sont plus reconnoissables, parce que l'Hébreu étant une des plus anciennes Langues, *elle aproche plus qu'une autre de la Langue Primitive*. » (2).

» Je ne saurois souscrire au sentiment de ceux qui croyent qu'à l'époque de la confusion universelle des Langues, il en naquit d'inconnues jusqu'alors, & qui n'avoient rien de commun avec la premiere; car *l'examen* des Langues *démontre* que les principales sont nées de l'*ancien Hébreu*, par les raports qu'on aperçoit *entre la plûpart de leurs mots*. Il y a un autre sentiment beaucoup plus conforme aux loix de la Nature & *adopté par les Savans*. C'est que *la Langue*

(1) Hist. Crit. du V. T. par le P. SIMON, Liv. I. Ch. IX.

(2) Elém. Primit. des Langues, par M. l'Abbé BERGIER, I. Diss. §. V. Paris 1764.

*Primitive* ne fut point abolie, mais qu'elle se subdivisa en une multitude de Dialectes. » (1).

» Il n'éxiste aucune Langue qui n'ait droit *aux racines primitives* & qui n'en ait *conservé la valeur* ; il n'en est aucune qui ait des mots radicaux qui n'apartiennent qu'à elle, & qui puisse dire, tel mot est à moi..... Toutes les Langues de l'Orient sont parfaitement semblables dans leurs racines aux Langues du Nord, de l'Asie & de l'Europe.... sans en excepter la Langue Chinoise elle-même.... Conformité d'autant moins surprenante, que la Nature produit elle-même ces *sons primitifs* dont la signification a le raport le plus intime avec les organes mêmes. » (2).

» L'examen ATTENTIF que j'ai fait de DIVERSES Langues.... m'a CONVAINCU que TOUTES ces Langues.... avoient une ORIGINE COMMUNE ; c'est-à-dire, que les Langues *descendent les unes des autres* d'une maniere indirecte. » (3).

Voilà, Monsieur, bien des Savans au nombre desquels il s'en rencontrera surement qui vous paroîtront mériter des ménagemens. Ne s'en trouvât-il qu'un seul, il m'assureroit le suffrage de tous, & le vôtre même ; parce qu'ils tiennent tous le même langage ; que ce langage est le mien ; & que vous ne pouriez désaprouver dans les uns, ce que vous aprouveriez dans un autre.

Au reste, pour vous épargner le désagrément de vous compromettre une seconde fois, je crois devoir vous prévenir, qu'après avoir attaqué mes Principes comme isolés & inconnus à tous les Savans, il ne vous suffiroit pas de traiter avec dédain Leibnitz, Grotius, Thomassin, Passari, le P. Simon, Henselius, Fulda, M. l'Abbé Barthelemi, M. l'Abbé Bergier, M. de Guignes. Je ne manquerois pas de vous oposer de nouveaux témoins qui déposeroient que ce n'est pas dans mon *imagination* qu'a germé pour la premiere fois l'idée d'une *Langue Primitive* ; & qu'en me l'attribuant exclusivement par cette expression *l'Auteur avec SA Langue Primitive*, vous donneriez lieu à des reclamations aussi nombreuses que justes. Vous pouvez vous en convaincre en par-

(1) HENSELIUS, Harmonie des Langues, seconde Edit. Nuremb. 1757. p. 27.

(2) FULDA, sur les deux Dialectes Primitifs de l'Allemand, & en Allem. in-4°. Leipsick 1773. §. 19. & 25.

(3) Mém. de l'Acad. des Inscr. & Bell. Lett. T. XXIX. Mém. de M. de GUIGNES pour établir que la Nation Chinoise est une Colonie Egyptienne.

courant la note que je mets ici sous vos yeux (†). Elle vous paroîtra peut-être longue & imposante : cependant je dois encore vous prévenir qu'il me sera fort aisé de la décupler. Je me borne, quant à présent, à vous faire ces représentations au sujet de la *Langue Primitive*, sauf à y revenir, si vous insistez.

## Génie Symbolique et Allégorique de l'Antiquité.

Lorsque vous avez annoncé dans le Journal des Savans du mois de Novembre 1773 le Plan de l'Ouvrage intitulé *Monde Primitif*, ce *Plan* étoit l'unique objet, je ne dirai pas de votre critique, mais de votre censure. Substituant l'idée d'un Ouvrage exécuté & livré au jugement du Public, à celle d'un *Plan*, vous avez trouvé mauvais que l'annonce du *Monde Primitif* ne contînt pas tous les *dévelopemens* que je me bornois à indiquer. J'avois cru caractériser suffisamment l'Antiquité Allégorique, en disant que » l'Allégorie.... sans multiplier les *signes*, double nos connoissances.... qu'elle les étend.... qu'elle s'éléve à des *objets* que ces *signes* seroient incapables d'exprimer par eux seuls ; qu'elle nous offre *sous l'écorce* d'un Monde *aparent*, un monde nouveau, infiniment *supérieur au premier*, autant au-dessus de lui que l'*intelligence* est au-dessus de la *simple* vue ». Il faut que je me sois trompé bien grossiérement sur l'idée que je m'étois faite du *Plan* d'un ouvrage.

*Ce style énigmatique*, dites-vous, *a besoin d'explication, & peu de Lecteurs entendront ce que l'Auteur veut dire.* Heureusement, vous vous placez à la tête de ces Lecteurs, qui, à force de pénétration, peuvent parvenir à m'entendre. *Nous pensons*, ( c'est-à-dire, *vous pensez*, & je pourrois ajouter qu'il ne s'agit que de *vous*, & que vous pensez seul ) *nous pensons que l'Allégorie, loin de doubler nos connoissances..... nous replonge dans l'ignorance.* Après cet aveu, croyez-vous, Monsieur, qu'il me fût bien difficile de vous conduire à avouer que *vous pensez* qu'on a retréci le cercle des connoissances humaines, en faisant passer presque tous les mots de toutes les Langues connues, du sens *propre*, au sens *figuré* ?

» Comment ce Génie Allégorique a-t-il pu échaper, dites-vous, à tous

(†) Alvarez Semedo, Besold, Boxhornius, Bourguet, Casaubon, Cluvier, Fourmont, Huet, Jablonsky, Junius, La Croze, Le Clerc, Masson, Morin, Parsons, Pockocke, Pfeifer, Ravis, Rudbeck, Saumaise, Sharp, Tanzini, Wachter, Webb, Wictor Cajetan, Vitringa, &c. &c. &c. qui tous soutiennent l'existence d'une Langue Primitive, & crurent la retrouver dans celles qui subsistent.

» ceux qui ont jusqu'à présent travaillé sur l'Antiquité ? En le *dévelopant*, notre Auteur ne devroit-il pas se mettre un peu plus à la portée de tout le monde ?... Prétendre découvrir ainsi tant de choses dans l'Antiquité, n'est-ce pas aller trop loin ? C'est se livrer à des conjectures *frivoles & hazardées*.... Son *imagination* lui fait apercevoir ce que les plus grands hommes... n'ont pu découvrir.... Toujours *mystérieux & envelopé*, il ne propose que des choses *à faire*, & *n'indique rien*.... Telles sont les promesses de l'Auteur qui ne veut point laisser échaper *un seul mot* qui puisse nous instruire *d'avance*.... Peut-on, après les efforts *inutiles* des plus savans hommes, *s'exprimer avec tant de confiance ?* Le ton qui regne dans tout cet Ouvrage, est bien éloigné *de la modestie d'un vrai Savant*... nous osons le dire : l'intelligence de SA *Langue Primitive* & de SON *Génie Allégorique, ne sont* QUE *de* PURES IMAGINATIONS.... L'Auteur se flatte de pouvoir aller plus loin avec SA Langue Primitive & SON Génie Allégorique. Mais en voilà *assez* sur cet Ouvrage ».

... Je puis, Monsieur, vous donner ici une leçon très-sage par la bouche d'un homme célébre & à qui vous donnez surement une place distinguée parmi les *Savans*. Il avoit publié un Mémoire par lequel il annonçoit de grandes découvertes : il s'éleva contre lui, non pas un Censeur anonyme, mais un Adversaire qui se nomma. » M*** se pressoit un peu trop, dit l'Auteur du Mémoire. » Il falloit attendre un ouvrage plus étendu que la petite Brochure que j'ai donnée & qui n'est qu'une annonce. C'est comme si, d'*après un Prospectus*, on » alloit *se plaindre* qu'un Auteur *n'a pas donné la solution de toutes les difficul-* » *tés que présente la matiere* (1).

Si je pouvois perdre de vue le fonds d'un travail que je crois devoir être de quelqu'utilité ; si le respect dû au Public me permettoit de n'envisager que vous dans cette Satyre, comme vous n'avez envisagé que moi en l'écrivant, vous seriez exposé à des représailles bien justes, mais bien humiliantes. Comment ne vous êtes-vous pas aperçu que par votre maniere de me juger, vous déclariez ouvertement aux Savans de toutes les Nations, que vous n'ignorez rien de tout ce qui est sû ; que vous êtes en état de mesurer avec certitude tout ce qu'il est possible ou impossible d'ajouter aux connoissances acquises : que l'étendue de vos connoissances est telle, que sur le simple *plan*, sur la simple annonce d'un Ouvrage, il ne vous manque rien pour l'aprécier, & pour assurer d'avance qu'il ne contiendra que des *conjectures* FRIVOLES & HAZARDÉES, qu'il

(1) Rép. de M. de GUIGNES aux Doutes, &c.

qu'il n'aura pour point d'apui *que* de *pures imaginations*; que l'infaillibilité de ces décisions vous dispense d'en déveloper & même d'en déclarer les motifs; que vous vous sentez une supériorité assez marquée pour être en droit d'exiger de vos Lecteurs, qu'ils oublient qu'un très-grand nombre d'hommes savent ce que vous affirmez que jamais personne n'a sû ni ne pourra savoir. Il ne seroit que trop aisé de faire sentir combien *ce ton est éloigné de la modestie d'un vrai Savant*, & que quand on *ose* le prendre, il faudroit être moins *mystérieux*, moins *envelopé*, dicter ses arrêts avec moins de *confiance*, & se résoudre *à laisser échaper quelques mots qui puissent instruire d'avance* les Lecteurs. Mais le Public ne retireroit aucun avantage de ces représailles, au lieu qu'il a beaucoup d'intérêt à savoir si le Génie Allégorique est, comme vous l'affirmez, une clef inconnue jusqu'à présent, & dont le besoin ne se soit jamais fait sentir à ceux qui ont cherché à pénétrer dans les avenues de l'Antiquité. Ceci est une question de fait : vous affirmez ce fait, je le nie; le Public décidera.

Je ne tirerai aucun avantage des autorités que j'ai employées depuis la page 33 jusqu'à la page 64. de la Dissertation sur le Génie Allégorique que j'ai publié au mois de Juillet de l'année derniere. Il est juste de vous laisser le plaisir de dicter aux Savans de l'Europe ce qu'ils en doivent penser. Je me borne donc à vous indiquer le nom des Auteurs qui sont mes garants (†), & je me contenterai de remettre sous vos yeux le précis de quelques autorités que vous trouverez avec plus d'étendue dans ma Dissertation.

« Les Allégories Grecques renferment une Philosophie réelle.... Elles *dévoilent* les mystères de la *Nature*... & fournissent un grand nombre de sujets de morale. » (1).

» Si Homère n'a pensé, à l'égard des Dieux, que ce qu'il dit... c'est un impie, un sacrilége, un enragé : c'est un vrai Salmonée & un second Tantale.... Ne prenons donc point pour guide les *ignorans* qui *ne se doutent point du* Génie Allégorique d'Homère... qui s'arrêtant à *l'écorce de la fable*, ne sont jamais parvenus à connoître *la Philosophie sublime qu'elle renferme.* » (2).

---

(†) Parmi les Anciens, Denys d'Halicarnasse, Plutarque, Strabon, Dion Chrysostôme, Phurnutus, Salluste le Philosophe, Clément d'Aléxandrie; plusieurs Peres de l'Eglise; Maimonides, Josephe; les Stoïciens. Parmi les Modernes, le Chancelier Bacon, Blackwell, l'Abbé Conty, l'Abbé Bergier, le P. Houbigant, M. Forbes, &c. &c.

(1) Denys d'Halicarnasse.

(2) Heraclides, entre les petits Mythologues.

» On doit *ramener à la vérité* tout ce qu'on a dit *de fabuleux sur les Dieux*.... Les *Anciens* n'étoient pas des hommes *d'une sagesse ordinaire*.... Ils avoient fait une étude profonde *de la Nature*, & le choix le plus heureux des *Symboles* & des *Énigmes* les plus propres *pour en parler en Philosophes*. » (1).

» Les Fables, pareilles aux biens sensibles, *sont pour le Vulgaire* & les *Artisans*; au lieu que l'intelligence... des mystères que renferme la Théologie *Symbolique* est réservée *aux Sages*. A proprement parler, le Monde lui-même n'est qu'une *Allégorie*; car il est composé de corps & d'esprits : les corps se voient; mais les esprits sont invisibles, & on ne les connoît que par l'étude (2).

» L'*Antiquité Primitive*, relativement au tems, mérite la plus haute vénération; & relativement à sa manière d'enseigner, elle mérite notre admiration, renfermant *dans l'Allégorie*, comme dans une riche cassette, *tout ce que les sciences ont de plus précieux*, & devenant par cette Philosophie *la gloire du Genre-Humain*.... Je regarde ces *Allégories* comme la connoissance la plus excellente après la Religion.... J'avoue sans peine, que je suis *persuadé* que *dès leur origine* les *Fables anciennes* furent *allégoriques*.... Si quelqu'un *s'obstine* à n'y *vouloir* rien apercevoir de pareil, nous ne le tourmenterons point pour penser comme nous; mais nous le plaindrons d'avoir *la vue si trouble* & *l'entendement si bouché & si lourd*. » (3).

» Les Fables sont de *pures Allégories*... c'est *l'Histoire Naturelle*... déguisée sous des expressions dont on ne comprit pas ensuite le sens, ou dont on abusa volontairement.... Une physique grossière, les équivoques & l'abus de l'ancien langage sont les seules ressources qui restent pour débrouiller le cahos de la Mythologie. » (4).

Dans ma Dissertation sur *le Génie Allégorique des Anciens*, j'aurois pu produire un bien plus grand nombre de Partisans de cette opinion qui vous paroît si nouvelle & si méprisable; je pourrois revenir sur cet article & les apeller tous à mon secours : mais il sera, sans doute, plus amusant pour vous d'avoir sous les yeux quelques nouvelles autorités tirées des Anciens & des Modernes. Elles suffiront, je l'espere, à quantité de Lecteurs éclairés : cependant, comme

(1) PHURNUTUS, *ib.*

(2) SALLUSTE le Philosophe.

(3) Le Chancelier BACON.

(4) M. l'Abbé BERGIER.

j'ai fort à cœur de ramener, s'il est possible, un adversaire tel que vous, je puis vous promettre que si ce que vous allez lire ne suffisoit pas, il me seroit aisé d'invoquer de nouveaux témoignages.

» TELLUS ( c'est-à-dire, *la Terre cultivée*, ) est apellée OPS pour désigner la fécondité qu'elle acquiert par les travaux des hommes : *Mere des Dieux* & GRANDE-MERE, parce qu'elle est la source de toute nourriture.... Les tours qu'elle porte sur la tête représentent les Villes.... Si elle est servie par des Prêtres eunuques, c'est pour aprendre aux hommes que, pour avoir des grains & des semences, il faut cultiver la Terre, parce que tout se trouve dans son sein; & s'ils s'agitent & se trémoussent sans cesse en sa présence, c'est pour marquer que le travail de la Terre ne permet pas d'être un moment dans l'inaction. Le son de leurs cymbales représente le bruit des outils du labourage; & afin de le mieux imiter, elles sont d'airain, comme ils étoient dans l'origine. Les Lions aprivoisés qui la suivent, aprennent aux hommes qu'il n'y a aucune Terre qui ne puisse être domptée & mise en valeur. » ( 1 ).

» Proserpine est la puissance *qui dévelope les semences* : Pluton est le *Soleil d'Hyver*, qui emmene avec lui Proserpine & qui oblige ainsi Cérès à *la chercher.* » ( 2 ).

» Celui qui prétend qu'elle fut enlevée par Pluton, n'enseigne pas que ce fut par une passion honteuse; mais que quand on a confié les semences à la Terre, la Nature & le Soleil d'hyver, d'accord en cela, comme s'ils étoient unis par les liens du mariage, les rendent féconds. » ( 3 ).

» La Philosophie des Égyptiens couvroit plusieurs mystères *sous le voile des Fables* & sous des propos ( 4 ) qui obscurément montroient & donnoient à voir à travers, la vérité; comme eux-mêmes donnent taisiblement à entendre quand ils mettent devant les portes de leurs Temples des Sphinx, voulant dire que toute leur Théologie contient, sous paroles énigmatiques & couvertes, les secrets de Sapience... Quand donc tu entendras parler de certaines vagabondes *pérégrinations & erreurs* & *démembremens* & *telles autres fictions*, (les voyages d'Isis, d'Osiris, de Cérès, les mutilations d'Osiris, de Cœlus, des enfans de Saturne, ) il te faudra souvenir de ce que nous avons dit, & estimer

( 1 ) Passage de VARRON, rapporté par S. Augustin, Liv. VII. de la Cité de Dieu.

( 2 ) PORPHYRE, cité par Eusebe, Prép. Evang. Liv. III.

( 3 ) Discours des Payens dans ARNOBE, Liv. V. p. 171. Anvers 1604.

( 4 ) PLUTARQUE, dans son Traité d'Isis & d'Osiris, Traduct. d'Amyot.

» qu'ils ne veulent pas entendre *que jamais rien ait été de cela ainsi*, ni *qu'il ait oncques été fait*. Car ils ne disent pas que Mercure proprement soit un chien, ains la nature de cette bête qui est de garder, d'être vigilant, sage à discerner & chercher, estimer & juger l'ami ou l'ennemi, celui qui est connu ou inconnu; suivant ce que dit Platon, ils accomparent le chien au plus docte des Dieux. Et si ne pensent pas que de l'écorce d'un alisier sorte un petit enfant ne faisant que naître; mais ils peignent ainsi *le Soleil levant*, donnant à entendre *sous cette figure couverte*, que le Soleil sortant des eaux de la mer, se vient à rallumer.... Et en écoutant donc & recevant ainsi ceux qui t'exposeront *saintement & doctement la Fable* ( *Mython* ).... tu éviteras par ce moyen la *superstition*, laquelle n'est point *moindre mal* ni péché, que l'impiété de ne croire point qu'il y ait des Dieux ».

« Tout le monde sait (1) qu'il y a deux manieres d'enseigner la vérité aux hommes; l'une *couverte* & *mystérieuse*, l'autre dévoilée & toute simple. Les Anciens étoient *idolâtres* de la premiere; nous nous sommes déclarés pour la seconde..... Il est certain que dans les *premiers tems*, tout ce qu'il y avoit de plus excellens Ecrivains, *dans quelque genre que ce pût être*, aimoient à *déguiser* leurs enseignemens sous des *fictions* agréables & ingénieuses. Non-seulement les Auteurs profanes, *mais les Auteurs sacrés*, en ont usé de la sorte : l'Ecriture *est pleine* de paraboles & de figures...»

« Si l'on recherche quel pouvoit être le principe de cette *passion* que les *Anciens* avoient pour les *allégories* & les fictions, on trouveroit qu'elle venoit *d'une grande connoissance de la Nature*..... Ils s'accommoderent à notre foiblesse.... Ils nous présenterent le faux *en apparence*, & le vrai *dans le fonds*.... C'est par cette raison qu'Homère, celui de tous qui a le mieux connu le cœur humain, a rempli ses ouvrages *d'un si grand nombre d'allégories*. Nous avons l'intelligence des plus considérables. *Qui ne voit* que cette merveilleuse chaîne d'or avec laquelle Jupiter se vante *d'enlever le Ciel & la Terre, les Dieux & les hommes*, nous marque la disproportion infinie de tous les êtres réunis ensemble, à l'Etre Souverain; que les disputes & les dissensions éternelles des Dieux, nous représentent cette opposition & cette guerre qui se trouve entre les premiers principes dont tous les corps sont composés?..... S'il y en a quelques-unes que nous n'entendons pas aujourd'hui, n'en accusons pas ce grand Poëte, qui étoit intelligible de son tems : craignons qu'il n'y ait en cela plus de *notre*

(1) M. l'Abbé MASSIEU, Mém. de l'Acad. des Bell. Let. T. II. p. 3.

» *ignorance* que de sa faute. Reconnoissons du moins *de bonne foi* qu'il a prétendu *cacher* un sens *sous ces dehors*, & que *son intention n'a jamais été* qu'on prît *à la lettre* des aventures *si manifestement fabuleuses.* Les Poëtes qui sont venus depuis, se sont formés sur ce grand modèle ; & à son exemple, ils ont enfermé dans des *fictions* presque tous les secrets de la *Théologie*, de la *Morale* & de la *Physique* : mais en se servant de ces fictions, ils n'ont eu en vue que la vérité. »

« Ce n'étoit point pour se cacher (1), c'étoit plutôt pour se faire mieux entendre, que les Orientaux employoient leur style figuré, les Egyptiens leurs *hieroglyphes*, les Poëtes leurs images, & les Philosophes la singularité de leurs discours. Nous trouvons *dans le témoignage des Ecrivains*, les raisons naturelles de ces façons de penser, qui, mal-à-propos, nous paroissent remplies de mystères. Les Orientaux parloient, & parlent encore aujourd'hui un langage figuré, parce que c'est leur langage ordinaire : le climat qu'ils habitent tournant leur génie & leur goût du côté de l'*allégorie* & de la parabole. Les Egyptiens employoient leurs hiéroglyphes pour représenter leurs idées, indépendamment de la parole, & pour rendre leurs sciences & leurs découvertes *d'un usage plus général* dans des lieux & dans des tems où leur Langue auroit pu n'être pas entendue. Le langage des Poëtes est dans son origine une maniere agréable d'instruire le Peuple, & de lui faciliter par des images l'intelligence de la Religion, de la Morale & de l'Histoire. Les Philosophes usoient aussi de symboles pour mieux approfondir la Religion & la Nature, & pour les expliquer ensuite aux autres d'une maniere plus sensible. »

» Qu'il y ait eu de l'historique dans la Mythologie Egyptienne (2), qu'il y ait eu du Physique, du Moral, bien loin de nous en défendre, nous croyons que cela n'a pas besoin de preuve ; mais nous croyons en même tems que si le récit Egyptien s'adapte plus naturellement aux idées cosmologiques qu'à toutes les autres, on doit en conclure que les *symboles ont été inventés pour elles dans l'origine*, & qu'ils n'ont été appliqués aux autres objets que par analogie. »

« Un siècle environ avant Alexandre (3), la Philosophie commença à faire retourner les Egyptiens sur leurs pas. La divinité fut ôtée aux animaux, qu'on

(1) M. DE LA NAUZE, Mém. de l'Acad. des Bell. Let. T. IX. p. 37.

(2) Hist. des Causes premieres, par M. l'Abbé BATTEUX, Paris 1769 p. 65.

(3) *Ib.* p. 86.

» réduisit à la simple qualité de symboles..... Tout ce vaste édifice de fables, d'allégories, de symboles, s'évanouit comme un enchantement. »

La Théologie d'Hésiode *n'est autre chose qu'une Cosmogonie* (1).... *Du cahos sortirent l'Erebe & la Nuit; & du commerce de l'Erebe avec la Nuit naquirent l'Ether & le Jour.... La Terre engendra le Ciel.... Elle engendra ensuite les hautes montagnes..... Il est inutile d'avertir que ces naissances prétendues ne peuvent être autre chose que le développement successif des parties du cahos présentées sous la forme poëtique d'actions & de personnages.*

M. l'Abbé Batteux rapporte ensuite la guerre des *Géans* & la victoire de *Jupiter*. « C'est, dit-il (2), le tableau du Monde même, ordonné comme il l'est, & conservé dans son état, par l'action & la sagesse de Dieu. Le Poëte usant des priviléges de son art, a peint les forces mouvantes de la Nature & les attributs de Dieu sous des formes humaines, parce que sans cela, la peinture des actions eût été impossible. »

C'est d'après ces principes lumineux & si conformes à la droite raison, que ce savant Académicien explique la Mythologie des Egyptiens sur Osiris, Isis & Typhon, ainsi que celle des Grecs sur les causes premieres.

Telle étoit aussi la façon de voir & de juger du savant Freret : il expliquoit, d'après les mêmes principes, la Mythologie Egyptienne. « Les Poëtes Grecs ont célébré les conquêtes de Bacchus (3); ils supposent qu'il *a soumis le Monde entier*, moins par la terreur de ses armes (car ils lui donnent des soldats peu redoutables,) que par la douceur de sa musique & par les charmes d'un breuvage dont les hommes ignoroient alors le pouvoir. C'étoit par-là qu'il les avoit obligés de se soumettre à lui, & de recevoir les loix qu'il leur dictoit, & par lesquelles il les retiroit de cette barbarie dans laquelle ils avoient vécu avant lui. »

« *Il est aisé de voir* qu'il n'y a là-dedans qu'*une fable morale*, inventée *pour* exprimer d'une maniere poëtique & *allégorique*, que le *bonheur des hommes dépend de leur union en diverses sociétés politiques*. Le vin, qui fait le charme des repas, & qui, pris avec sagesse, est le plus sûr reméde de tous les chagrins, est un *symbole* bien naturel des avantages que trouvent les hommes dans une liaison qui assure le repos public & le bonheur des Particuliers.

(1) *Ib.* p. 170. & *suiv.*

(2) *Ib.* p. 177.

(3) Nouv. Observ. de M. Freret contre le Syst. Chron. de M. Newton, p. 321.

« La superstition des Peuples ( 1 ) , & les fictions extravagantes de la Poësie folle des Orientaux , avoient *ensuite personifié* ces êtres *métaphysiques* , & les avoient représentés *sous des images allégoriques.* »

« Dès le tems de Plutarque ( 2 ), il y avoit des Gens en Egypte qui regardoient ces fables religieuses *comme une ancienne histoire* , altérée par la tradition qui en avoit altéré les événemens , en attribuant aux Dieux les aventures de quelques-uns des anciens Rois : mais Plutarque nous apprend aussi que cette explication *étoit rejettée* par les gens religieux , comme une doctrine impie. »

Il doit m'être permis de croire , Monsieur , que si je publiois des faits si contraires à vos décisions , sans vous avertir que je copie les expressions d'hommes célébres que les Savans sont accoutumés à respecter , vous feriez imprimer que je suis en délire ; l'épithète de *visionnaire* vous paroîtroit trop douce & trop foible. Je ne puis cependant résister au besoin de vous mettre encore en regard avec M. Freret : ma citation sera longue , instructive , & par conséquent désagréable ; il est fâcheux que vous l'ayez rendue nécessaire.

« Outre les deux premiers principes , *Osiris* & *Isis* ( 3 ) , les Egyptiens en reconnoissoient un troisième qu'ils apelloient *Seth* , *Bebon* & *Smu* : les Grecs l'apelloient *Typhon*. Plutarque nous aprend que tous ces noms marquoient *la destruction* , *la violence* , *la corruption* , *la résistance au bien & à l'ordre*. Typhon étoit frere d'Osiris & d'Isis ; ce qui marquoit le vice radical inhérent à la matiere , l'imperfection nécessairement attachée aux êtres produits. »

« Typhon , ou *le principe de l'imperfection* , épousa sa sœur *Nephté* . . . . & Plutarque nous apprend que Nephté signifioit , en Egyptien , *la fin* , *la destruction* , *ou la mort*. . . . Devenue amoureuse d'Osiris . . . & se faisant passer pour Isis , elle l'amena dans son lit. Typhon se croyant outragé , ôta la vie à Osiris & mit son corps en piéces. Il tua Orus ( fils d'Osiris & d'Isis ) , & demeura maître de l'Univers , obligeant même Isis de se soumettre à lui , & de reconnoître son pouvoir. »

« Cette fable est *manifestement* un récit *allégorique* de la destruction de l'ancien Monde , qui a précédé celui où nous sommes. Les amours de Nephté & d'Osiris , ou l'union du principe démiourgique avec la matiere impure & inca-

(1) *Ibid.* p. 333.

(2) *Ibid.* p. 363.

(3) *Ibid.* p. 310. & *suiv.*

» pable d'arangement organique, *marquent le commencement de l'altération arrivée dans l'économie de l'Univers*. Par cette altération, les mouvemens devinrent moins réguliers, & l'harmonie & le concert de toutes ses parties furent détruites.... *La contrariété & l'irrégularité des mouvemens détruisant l'harmonie, toutes choses tomberent dans le cahos*. Le corps d'Osiris fut mis en piéces; Typhon ôta la vie à Orus, & détruisit l'ordre & l'arrangement de l'Univers; après quoi, Isis ou la matiere fut contrainte de se soumettre aux loix de Typhon. »

« Isis... chercha les parties du corps d'Osiris éparses dans l'Univers..... mais ses efforts furent inutiles..... Celles qui sont le principe des productions & des générations avoient été jettées dans le Nil.....

« Osiris revint des Enfers, & rapellant Orus à la vie, lui donna des armes pour combattre & vaincre Typhon, c'est-à-dire que *la force de l'intelligence démiourgique* ayant repris ses droits, *elle fit cesser le désordre*, & rendit à l'Univers *sa beauté & son harmonie*. Orus surmonta Typhon; mais il ne put le détruire; il l'enchaîna seulement, & Isis lui ayant donné les moyens de se sauver, il demeura caché dans l'Univers, & il ne cessa d'en troubler l'ordre & l'harmonie..... Orus irrité contre Isis... lui ôta le diadême dont Osiris l'avoit ornée. Anubis, fils d'Osiris & de Nephté.... essaya de réparer cet outrage & lui donna un diadême formé d'une tête de bœuf. *Cela veut dire que la Terre, depuis qu'elle avoit été soumise à Typhon, avoit perdu sa fertilité primordiale. Au lieu que dans l'ancien Monde, elle produisoit d'elle-même & sans culture, des fruits propres à nourrir les hommes*, (ce que marquoit la couronne de *Lotos*,); *elle ne leur en donna plus que par le moyen du travail...... La tête de bœuf qu'Anubis lui donna pour diadême, est un embleme du* LABOURAGE. »

« La partie du corps d'Osiris jettée dans le Nil, lui avoit communiqué quelque chose de sa vertu; *& c'est de-là que venoit la prodigieuse fertilité des terres sur lesquelles ses eaux se répandoient*. C'étoit *un reste* de la fertilité *de l'ancien Monde*. »

« C'est ainsi, disoit M. Freret, qu'on doit expliquer la *Cosmogonie Poëtique* des Egyptiens, autant qu'il est possible de la concevoir, en perçant à travers *les emblemes* qui la couvrent. C'étoit aussi par-là qu'ils essayoient de rendre raison de l'origine du mal physique & moral, & de l'état actuel d'imperfection dans lequel se trouve l'ouvrage d'un être également sage & bienfaisant.... »

« Telle étoit en général la Théologie sublime des Egyptiens, & la Cosmogonie *envelopée* sous les ALLÉGORIES dont les Prêtres Egyptiens *couvroient* jusqu'aux choses *les plus communes*.... »

» Les

« Les Cosmogonies des Philosophes religieux des Nations Orientales, ne suposoient pas seulement l'action générale de la suprême intelligence dans la production, & dans la formation primordiale de l'Univers. Elles suposoient encore que toutes les productions & les formations particulieres, étoient une continuation & une répétition de cette action primordiale. Il est vrai que ces *Cosmogonies* ne sont venues jusqu'à nous que *sous l'envelope des* ALLÉGORIES *& des fictions poétiques dont l'imagination enflammée des* hommes de ces pays, AIME A REVÊTIR les objets les plus simples. C'est pour cela qu'elle représente l'action du souverain Être *dans la production de l'Univers*, non comme une *création*, idée philosophique sur laquelle l'imagination ne peut avoir de prise; mais *comme une* GÉNÉRATION, c'est-à-dire, comme une chose qui a *quelqu'analogie* avec cette espéce de production, *dont nous sommes tous les jours les témoins....* »

« Les caractères Egyptiens étoient *tous* des *peintures* & des *images* des êtres *corporels*. Ces caractères servoient d'abord pour représenter *directement* & indépendamment de la parole, *les choses dont ils étoient les images*. Dans la suite on les employa pour exprimer d'une maniere *figurée* les idées les plus *abstraites* & les plus *incorporelles*. Cette écriture *accoutumoit* les hommes à tout *personifier*, à tout *corporaliser*.... L'habitude faisoit que les gens habiles n'étoient *presque plus frapés des images*, & que leur esprit se portoit *rapidement & presque naturellement* aux choses *exprimées* par ces images.... Le peuple grossier, & *ceux qui n'étoient pas accoutumés à cette écriture*, s'arrêtoient aux images mêmes, & n'alloient pas *au-delà de l'écorce* qui les frapoit. »

» On conçoit sans peine que la Cosmogonie & la Théogonie exprimées dans le style le plus simple & le plus naturel, devenoient, dès qu'elles étoient écrites dans ce caractère Égyptien, la poésie la plus *outrée* & la plus *extravagante* aux yeux du Vulgaire. Cette poésie remplissoit la tête des hommes de fictions que le peuple prenoit au sens *littéral*, malgré l'*absurdité* dont il étoit frapé.... »

» Les plus crédules & les moins éclairés des Prêtres Égyptiens, à force de débiter ces Fables au Peuple, vinrent à les regarder du même œil que lui... Nous voyons ce qui se passe aux Indes Orientales parmi les *Brames*, les *Talapoins*, les *Bonzes* & les *Lamas*. Les Fables les plus *absurdes* & les *fictions* les plus *impudentes* sont devenues pour eux des objets *d'un respect religieux*, & les *motifs* de la dévotion *la plus outrée*. » (1).

(1) Défense de la Chron. contre Newton, p. 370.--377. & *suiv.*

» Suivant l'idée que nous nous formons aujourd'hui de l'*ancienne* idolâtrie, il ne pouvoit y avoir que *la plus vile & la plus grossière populace* qui eût quelque sentiment de religion..... ».

Je crois, Monsieur, pouvoir m'arrêter ici & vous faire remarquer que nous devons aux Écrivains de l'Antiquité les plus imposans par leur esprit de recherche & par la solidité de leur jugement, la clef générale des premieres *Allégories* : que c'est eux qui nous ont conservé un assez grand nombre de clefs particulieres, pour entendre les parties principales de ces Allégories. Je pourrois aussi vous faire remarquer que parmi les Modernes, il seroit difficile de vous oposer un homme plus savant que M. Freret & plus propre à vous faire impression sur l'objet que vous avez jugé à propos de réduire à une si mince valeur. Ce qu'il dit sur le Génie *Allégorique* qui caractérise l'Antiquité la plus reculée ; sur les moyens de découvrir la vérité *en perçant à travers les emblèmes qui la couvrent* ; sur *l'absurdité* de prendre ces Allégories dans le sens *littéral* ; absurdité si palpable, que cet Académicien établit comme une conséquence évidente qu'il *ne pouvoit y avoir* que la plus *vile* & la plus *grossière populace* qui eût quelque sentiment de religion, suivant l'idée que nous nous faisons aujourd'hui de l'ancienne idolâtrie : tout cet ensemble, dis-je, n'est point un systême qu'il propose, un raprochement de matériaux adroitement combinés pour faire valoir une opinion qui lui soit propre. Ce sont des faits reconnus, & d'une autorité si incontestable, qu'il fait de leur notoriété la base d'une de ses plus fortes objections contre son adversaire. Et quel adversaire ! Ce n'étoit pas un stérile Erudit, borné aux mots ou aux idées qu'il avoit trouvées dans des Livres. M. Freret attaquoit le plus redoutable Athlète, avec lequel il fût possible de se mesurer ; un homme transcendant du côté du *savoir* & du côté du *génie* ; Newton. Il le combattoit à visage découvert ; il s'étoit nommé ; ainsi il n'auroit pu se dérober à la honte d'avoir osé employer des armes méprisables. C'est donc de tout leur poids que retombent sur vous l'érudition, la sagacité, l'autorité d'un Savant du premier ordre.

J'espere que vous jugerez favorablement, Monsieur, par le nombre & par la réputation des Écrivains que je réunis pour les oposer à votre opinion, de l'idée que je me suis faite de votre supériorité. J'espere aussi que vous regretterez, avec cette sensibilité que fait naître un amour vif & pur pour la gloire des Lettres, l'Arrêt par lequel vous avez traité de *visions* les explications de la Mythologie, fondées sur ce *Génie Allégorique* auquel se sont abandonnés les Écrivains de la plus haute Antiquité. J'ai senti, & vous sentirez comme moi, que du même trait de plume, vous avez dénoncé à l'Europe savante comme des *Visionnaires*, non-seulement *Varron*, *Strabon*, *Denys d'Halicarnasse*, *Plutarque*, le Chancelier *Bacon*, l'Abbé *Massieu*, M. l'Abbé *le Batteux*, *Freret*; mais une multitude d'autres Ecrivains anciens & modernes, tous recommandables par la profondeur de leur savoir, par la finesse de leur pénétration, & par la solidité de leur discernement.

Cet étonnant arrêt me feroit craindre qu'on ne s'armât contre vous de vos propres expressions, & qu'on ne se hazardât à vous dire: *il faut avouer que c'est vouloir couvrir de ridicule l'Érudition.* Peut-être même se trouveroit-il des gens disposés à aller plus loin, & qui regarderoient comme une espéce de blasphême d'avoir étendu ce titre de *Visionnaires* à des Peres de l'Eglise. Car vous savez que plusieurs d'entr'eux se sont apuyés sur le *Génie Allégorique*, soit contre les Auteurs Profanes, soit dans l'explication de beaucoup de passages & de récits qui se trouvent dans l'Écriture-Sainte. Quoi qu'il en soit, je crois vous avoir mis à portée de persévérer dans la qualification de *Visionnaires*, ou de la retracter, ou de tâcher de la fixer sur moi seul.

Je persiste donc à croire que l'empreinte du Génie Allégorique, est profondément marquée dans les écrits qui nous viennent de la plus haute Antiquité. J'y retrouve tout ce que dans l'état des choses, ils pouvoient contenir. Je n'y vois point avec vous une longue suite de Rois, parce que ce seroit me jetter dans un cercle vicieux historique: plusieurs générations de Rois suposeroient évidemment l'existence d'une Antiquité plus reculée encore, dans laquelle les premieres sociétés humaines, consolidées par l'invention des Arts de premier besoin, auroient précédé la formation des prétendus Empires, gouvernés par ces Souverains qu'anéantissent tous les monumens. Je retrouve, au contraire, dans ces écrits, la description des Arts sans lesquels aucune Société n'auroit pu subsister & se fortifier. Ainsi la Nature même remplace ici nos monumens, & je suis sûr de tenir le premier anneau de la chaîne sociale. Eh! comment pourrois-je m'y méprendre, quand je vois que l'Auteur même de l'Allégorie a pris les mesures les plus justes pour m'empêcher de prendre ses récits dans un sens historique? Tous les Personnages qu'il fait entrer en scène, ont des noms significatifs. Ces noms sont tous, ou la dénomination propre, ou la qualification d'objets qui apartiennent aux Arts de premiere utilité. Ce n'est pas tout encore; je vois que la réunion de ces noms & de ces qualifications forme l'inventaire complet de toutes les parties, de tous les instrumens d'un même Art. Trouveriez-vous, Monsieur, dans l'histoire de quelque Peuple que ce soit, une suite de Rois dont les noms, tous significatifs, pussent s'adapter avec ordre, avec convenance, aux principes & aux effets de quelqu'Art que ce ſoit, & à plus forte raiſon à des Arts dont le beſoin, la découverte, le perfectionnement répondiſſent avec exactitude aux tems où ces générations de Rois ſeroient placées par les Écrivains & par les monumens hiſtoriques? J'oſe vous aſſurer qu'il eſt impoſſible d'en fournir un ſeul exemple, & je crois pouvoir ajouter que s'il en exiſtoit un ſeul, la convenance de tant de raports entre les noms d'hommes, les noms des choſes, les moyens & les réſultats d'un Art quelconque, ſuffiroit pour rendre les faits plus que ſuſpects à tous les Critiques. J'oſe en conclure que le Public doit être moins diſpoſé à me regarder comme un *Viſionnaire*, qu'à traiter d'aveugles-nés ou volontaires, ceux qui ne ſeroient pas frapés de la lumiere que répand l'intelligence du Génie Allégorique des Anciens, ou qui en écarteroient leurs regards.

*DÉCISIONS du Journaliſte ſur l'origine du Langage, ſur la Langue Primitive, ſur le raport des Langues entr'elles, &c.*

Si je ne me fais pas illuſion, s'il eſt auſſi évident que je le crois, que la Langue qu'ont parlé les premiers hommes, exiſte toute entiere, quoique diſſéminée dans les Langues mortes & dans les Langues vivantes; qu'il ne s'agiroit que de l'en extraire pour former le Vocabulaire de la *Langue Primitive*; qu'à l'égard des Arts primitifs & des Inſtitutions originaires formées par les premieres ſociétés humaines, la deſcription en eſt écrite dans les Fables de la plus haute Antiquité & dans celles de tems plus modernes, quoique très-reculés; qu'il ſuffiroit de les dégager des envelopes qui nous les cachent & d'écarter les parties acceſſoires ou étrangeres qu'y ont aſſocié les Poëtes Grecs, pour les retrouver tels qu'ils ont exiſté originairement, avec les accroiſſemens graduels qu'ils ont reçus dans les premiers âges; il me paroît d'une égale évidence que la connoiſſance de cette *Langue Primitive* & du *Génie Allégorique*, ſeroient des moyens ſûrs de connoître le *Monde Primitif* & de le *comparer* avec le *Monde Moderne*.

Je crois devoir en conclure qu'il n'y a aucune objection raiſonnable à faire contre le fonds de mon entrepriſe, & qu'on ne peut l'attaquer que du côté de l'exécution.

Ce genre d'attaque ne préſentoit que deux côtés à votre cenſure. L'un, de prouver *l'impoſſibilité* de retrouver la Langue Primitive, de démêler dans le cahos de la Mythologie un ſens raiſonnable, & la deſcription du berceau du Genre-Humain; de s'aſſurer d'un fil propre à ſe conduire dans les détours de ce labyrinthe, en ſe pénétrant de cet eſprit Allégorique qui caractériſe les Écrivains des premiers âges, esprit qu'ont reconnu & quelquefois dévelopé une multitude d'Anciens & de Modernes.

Vous vous êtes bien gardé, Monsieur, de vous engager à prouver qu'il fût *impossible* de remplir cette tâche; vous vous êtes restraint à indiquer les principales difficultés que rencontreroient ceux qui voudroient l'entreprendre. Ainsi vous avez tout fait pour fortifier le découragement, & rien pour *prouver* qu'il ne suffiroit pas d'avoir de l'aplication, de la patience & du courage pour vaincre les obstacles qui paroissent vous avoir effrayé. Vous êtes donc resté muet sur cet article essentiel que l'exécution de mon entreprise est *impossible*; que par conséquent mes efforts & ceux que des gens plus habiles & plus pénétrans que moi pourroient faire, seroient *impuissans* en prenant ce terme en rigueur. Il en résulte que, de votre aveu, quand je n'ajouterois que quelques mots de la *Langue Primitive* à ceux qui ont été déja recueillis, & quelques nouveaux raprochemens à ceux qui ont été faits pour fixer le sens raisonnable de quelques articles de Mythologie dont la lettre ne présente que des Fables extravagantes, mon travail ne seroit pas entierement inutile. J'aurois du moins aporté quelques matériaux de plus dans l'attelier où il est *possible* d'achever cet édifice, dont la reconstruction contribueroit si fort à la gloire des Lettres & feroit tant d'honneur à l'érudition qu'il vous a plu de débiter que je *voulois couvrir de ridicule*. Comment voulez-vous que je regarde comme une preuve de votre respect pour l'érudition, les efforts que vous avez faits pour m'empêcher de concourir à son utilité, & pour essayer de *couvrir de ridicule* des tentatives dont vous êtes hors d'état de juger, puisque je ne les ai pas encore rendu publiques? Penseriez-vous autrement que l'Académicien célébre que je vous ai déja cité, & qui a dit pour sa propre défense qu'il y auroit une précipitation bien étrange *à se plaindre, d'après un Prospectus, de ce qu'un Auteur n'a pas donné la solution de toutes les difficultés que présente sa matiere*?

Ayant eu la prudence de ne pas attaquer mon Ouvrage du côté de l'*impossibilité* de retrouver la Langue Primitive, & d'entendre les Allégories des Anciens, votre unique ressource étoit de l'attaquer du côté de l'exécution. J'avoue que vos excursions sur ce que j'ai dit & sur ce que vous me faites dire vous ont amplement dédommagé. Vous n'avez osé dire que mon projet en lui-même fût absurde; mais à combien de reprises n'avez-vous pas répeté que je l'avois exécuté en *ignorant*, en *enthousiaste*, en *visionnaire*! Je sens combien il importe peu au Public de savoir si vous ou moi sommes des *ignorans*, ou si nous le sommes, l'un & l'autre: il ne lui importe pas plus de savoir si je suis un *enthousiaste*, un *visionnaire*. Mais il m'importe beaucoup de publier que ce sont-là de simples décisions qui ne sont apuyées d'aucune discussion, d'aucune preuve, & par conséquent de simples injures. L'essentiel étoit de mettre à couvert le fonds des choses; je l'ai fait. Il ne s'agit donc plus que de prononcer sur votre éminente supériorité, ou sur mon ineptie & mes écarts.

Un Savant qui a étudié *les Langues*, sur-tout l'Hébreu & le Grec, avec l'ardeur d'un homme de lettres & le zèle d'un Citoyen religieux & bienfaisant, a saisi avec ce coup-d'œil rapide & sûr que donne le génie, l'étroite dépendance qu'elles ont entr'elles. Un Erudit se charge la mémoire d'une multitude de mots, & croit savoir différentes Langues; mais un homme de génie ne tarde pas à s'apercevoir, qu'en s'apliquant à ce genre d'études, on n'aprend que différens dialectes d'une Langue primitive & unique; que tous ces idiomes ne sont que les rameaux inséparables d'un tronc commun, qui a renfermé & dispensé une sève commune qu'on ne peut méconnoître. Il en a conclu que « l'étude des *Élémens Primitifs* des Langues, & leur *comparaison*, peuvent servir à dissiper peu à peu les ténébres répandues sur *l'histoire des Anciens Peuples*, & nous faire distinguer avec plus de certitude les évènemens réels d'avec les imaginations fabuleuses ». Il a rassemblé les preuves les plus solides de ce principe lumineux dans un volume publié en 1764, auquel il a donné le titre d'*Élémens Primitifs des Langues*.

Cet Ouvrage fut, je ne dirai pas *attaqué*, cette expression seroit bien foible, mais *décrié* avec ce ton de dédain qui sert si souvent de masque à l'envie ou à l'ignorance.

Comme ce ton n'aporte aucune lumiere, qu'il augmenteroit même l'obscurité s'il en imposoit aux Savans qu'on cherche à blesser & à décourager, l'Auteur des Élémens Primitifs des Langues continua tranquillement la route qu'il avoit commencé à aplanir, & à l'extrémité de laquelle il voyoit distinctement le but, dont un Myope lui nioit froidement l'existence. Deux volumes publiés sur *l'Origine des Dieux du Paganisme & le sens des Fables*, répandirent en 1767 un nouveau jour sur les principes de l'Auteur; mais il ne dissimula pas qu'en donnant au Public un ouvrage utile, & par la raison même qu'il étoit utile, il devoit trouver des Censeurs injustes & amers.

« Quand ce principe, dit-il, seroit encore plus évidemment *démontré* dans cet ouvrage, il sera toujours *fort aisé* de le *tourner en ridicule*, en suivant la méthode employée par quelques Savans pour *décrier* ce genre d'érudition. L'on *affectera* de *choisir* quelques-unes des Étymologies qui *paroîtront* les moins plausibles *au premier coup d'œil*, en les *détachant* de ce qui peut les *apuyer* & les rendre *probables*. On présentera ces lambeaux *décousus* & *dé-*

» *placés*, comme un *échantillon* par lequel *on peut juger du reste*. On conclura que toutes ces observations grammaticales sont absolument *destituées de la plus légère vraisemblance*. On pourra étayer encore cette *décision* par des réflexions *générales* sur les *abus* de la science étymologique, sur l'*incertitude* de ses aplications, sur le *danger* de s'y livrer. Le Lecteur ainsi *prévenu* par le compte *infidèle* qu'on lui rend d'un système dont on ne combat *que l'accessoire*, ne se donnera pas la peine de consulter le Livre même, d'en examiner les principes, d'en suivre les conséquences, de voir s'il raisonne de suite, ou s'il *s'écarte de propos délibéré*, comme on l'en *accuse*.

» Par ce procédé *peu équitable*.... l'on parviendra très-sûrement.... à faire *mépriser* l'étude des anciennes Langues, à *décréditer* toute espéce d'érudition, & à *ne plus estimer* d'autre talent que celui d'écrire avec légereté.... Avec cette prévention, quel livre, quel genre d'étude peut être à l'abri de la *critique* & du *mépris* des Censeurs *les plus ignorans* ? » (1).

Ces justes plaintes avoient pour objet un article du Journal des Savans du mois de Juin 1764. Deux autres articles des mois de Mars & d'Avril 1766 de ce même Journal, contre *le Traité de la formation méchanique des Langues* (2), auroient pu donner lieu à des plaintes semblables, malgré les ménagemens qu'on crut devoir garder pour l'Auteur, ménagemens dont il est aisé de pénétrer les motifs. Enfin pour avoir osé entrer dans la même carriere, je me suis attiré une condamnation si despotique, qu'il semble que l'*Auteur* (†) de ces différens extraits, ait contracté l'engagement de fermer pour jamais les routes de l'Antiquité qu'il n'a pas fréquentées. Je me garderai bien de pren-

(1) Origine des Dieux du Pagan, par M. BERGIER, Doct. en Théol. Tom. I. Part. II. pag. 90.

(2) Par M. le P. des B. de l'Ac. des Bel. Lett.

(†) Personne n'a une plus haute idée que moi du *Journal des Savans*, parce que personne peut-être n'en a plus éprouvé l'utilité. Profondeur de connoissances dans tous les genres de Science & de Littérature, solidité & impartialité dans les jugemens ; vues nouvelles & étendues pour encourager, guider ou affermir les Savans dans la carrière qu'ils ont choisie ; critique saine & instructive ; voilà ce qui distingue si éminemment cette précieuse Collection. Pénétré de respect & de reconnoissance pour les Hommes distingués à qui le Public la doit, j'avoue qu'il m'est impossible de croire que les Extraits que je viens d'indiquer soient de différentes mains. Il suffit de les lire avec quelqu'attention pour être persuadé qu'ils sont du même *Auteur*. Dans cette hypothèse, l'antipathie marquée pour le travail dont je m'occupe, ne seroit qu'une disposition personnelle,

dre la défense des Elémens primitifs, & du Traité de la formation méchanique des Langues. L'accueil que ces excellens Ouvrages ont reçu dans l'Europe, est un hommage rendu au mérite des Savans à qui nous les devons, & mes aplaudissemens personels ne pouroient entrer que comme un infiniment petit dans la somme des éloges qu'ils ont reçus. Par raport à moi, Monsieur, qui n'ai publié qu'une partie de mon travail & que vous vous êtes hâté de dénoncer comme un *ignorant* & un *visionnaire*, j'ai le plus grand intérêt à détruire les fausses idées que vous avez cherché à acréditer d'avance & contre l'Ouvrage & contre l'Auteur. J'espere qu'en discutant quelques-uns de vos arrêts, j'obtiendrai

---

sonflée peut-être sur des motifs ou des intérêts personnels; & ce ne seroit plus du *Journal des Savans* proprement dit que nous aurions à nous plaindre, mais d'un seul Ecrivain. Je pourrois appuyer ma conjecture de différentes preuves. La briéveté d'une Note me force à me borner à l'uniformité de tours, de ton & de style de ces Extraits; en voici quelques exemples.

| *Contre M.* BERGIER, *Juin* 1764. | *Contre le* MONDE PRIM. NOV. & DÉC. 1773. |
|---|---|
| Mais n'est-ce pas trop nous arrêter sur un sujet *qui porte avec lui sa réfutation?* | Le simple *exposé* de pareilles idées, *en est la réfutation.* |
| *Mais c'est assez nous étendre sur ces minucies grammaticales*, absolument destituées de la plus légère vraisemblance. | *Mais c'est nous arrêter trop long-tems sur des détails de cette espéce.* |
| En général, *il semble* PAR-TOUT *s'égarer* de propos déliberé. | L'imagination & l'esprit de systême font SANS CESSE *égarer* l'Auteur... *Il semble* que *toute* sa sagacité ne serve *qu'à le tromper.* |
| Hâtons-nous de passer sur cette Dissertation, de même que sur les deux suivantes... Il nous seroit *impossible* de le *suivre* dans *tout* ce travail. | *Nous ne pouvons nous résoudre* à copier ici tout ce que l'Auteur dit de l'A... Nous ne pouvons le *suivre* dans le détail de *toutes* ces explications. |
| Celles que nous avons citées (les Etymologies) suffisent *pour faire juger de celles que nous passons sous silence.* | Une telle explication n'est qu'une pure chimère... *Et ainsi du reste.* |
| *Mais c'en est assez sur cette matiere.* | *Mais en voilà assez sur cet Ouvrage.* |

On trouve dans le jugement du *Traité de la Formation Méchanique des Langues*, le même dédain, & les mêmes expressions: « L'Auteur donne ici une foule d'Etymologies... *mais* » *nous ne pouvons nous résoudre* à les extraire... *Mais en voilà assez sur cette Partie*... » Au milieu de tant d'*écarts*, &c. &c.

du

du moins du Public qu'il juge lui-même du dégré de solidité & d'honnêteté de vos décisions.

J'ai dit, entr'autres choses, en exposant sommairement les Élémens dont le Langage est composé, que les sons ou voyelles immuables forment une série composée de *sept* voix ou sons aigus, graves & moyens (1); que les intonations ou articulations forment deux séries différentes, l'une de consones fortes, l'autre de consones foibles; que chacune de ces séries est composée de *sept* consones qui correspondent à autant de touches de l'Instrument vocal; que dan ces séries, chaque consone forte répond à une douce; d'où il résulte un Alphabet naturel, immuable & universel de *vingt-une* lettres; c'est-à-dire, de *sept* voyelles & de *quatorze* consones. J'ignore pourquoi, mais il est aisé de voir que ces détails vous ont déplu.

Expressions du Journaliste.

» Le nombre sept joue, comme on le voit, un grand rôle (2). «

Réponses.

Il s'agit ici d'un point de fait : il falloit attaquer ce que j'avance, ou se dispenser de faire une observation qui ne peut être d'aucune utilité pour qui que ce soit. Cette espéce de plaisanterie, si elle étoit bonne, auroit la commodité de pouvoir s'apliquer à quantité de sujets. Car on pourroit dire avec le même succès aux Critiques, aux Physiciens, aux Philologues qui écriroient sur les *sept* jours qui forment la semaine; sur les semaines de *sept* années; sur les *sept* planettes; sur les *sept* couleurs de la lumiere décomposée par le prisme; sur les *sept* dégrés de l'octave musicale, &c. &c. *Le nombre* SEPT *joue, comme on le voit, un grand rôle.* Quel avantage pouroient retirer de cette observation les Aristarques ou les Zoïles, les Auteurs & le Public?

» De-là, les premiers mots simples & nécessaires (3).... Ces premiers mots devinrent la base immuable de toutes les Langues; ils n'ont point été l'effet du choix de l'homme, du ca-

Oui, Monsieur, c'est dans les effets nécessaires de l'Instrument vocal qu'il faut chercher la *Langue Primitive*; & c'est parce qu'ils sont fondés sur la Nature même, que les mots de cette

(1) Plan gén. du Monde Prim. p. 9 & 10.

(2) Nov. 1773. p. 2177. édit. in-12.

(3) *Ib.* p. 2179.

price, ou du hazard. Voilà la *Langue Primitive* composée de mots *d'une ou de deux syllabes.* «

Langue sont presque tous d'une ou de deux syllabes. Ce caractère qui lui est propre, est non-seulement une indication pour la reconnoître à travers les déguisemens qui pourroient nous la cacher dans les Langues anciennes, & modernes; mais de plus, un moyen général de comparaison qui ne permet pas de la méconnoître, par-tout où le même monosyllabe a conservé l'identité de son & de sens. Pour peu qu'on soit versé dans l'étude des Langues, on n'ignore pas que dans les voyelles, la substitution d'un son aigu à un son grave, & dans les consones la substitution d'une articulation forte à une articulation foible, ne changent rien à l'identité de son; & que l'identité de sens n'est point altérée, lorsque le même monosyllabe ne présente de différence d'une Langue à une autre, que celle du sens propre au sens figuré, de l'indication d'un tout à l'indication d'une de ses principales parties.

Je ne puis croire que vous ayez dit sans motif, qu'après m'être flatté de retrouver ces mots d'une ou de deux syllabes, je me flattois, de plus, de faire connoître *l'abondance*, *l'harmonie*, *la beauté de ce langage.* Le ton continu de vos Extraits ne me fournit que trop de raisons de soupçonner qu'il vous a paru absurde, ou tout au moins *ridicule*, d'aspirer à trouver tant d'utilité & tant d'agrément dans une Langue presque toute composée de monosyllabes. Voici ma réponse.

Les Savans qui ont vu nettement que la *Langue Primitive* existoit dans les Langues mortes ou vivantes, ont tous publié qu'elle étoit composée de *monosyllabes.* C'est un des principaux caractères auxquels ils ont reconnu les mots primitifs qu'ils ont donnés pour exemple de leur observation & de leur assertion. Le CHINOIS est, de toutes les Langues parlées, la plus ancienne que nous connoissions: elle se raproche donc plus qu'aucune autre de la premiere Langue qui ait été parlée. Or » la Langue des Chinois ne suit pas une marche aussi » savante que leur écriture. Composée *d'un* PETIT *nombre de monosyllabes* & » de sons qui ne different dans la prononciation que par des tons, *elle semble* » ne reconnoître aucune régle, n'être assujettie à aucun principe; on n'y voit, « ni conjugaisons, ni déclinaisons (1) ». Le Chinois prouve donc que le caractère principal des Langues les plus anciennes est d'être monosyllabiques. Mais,

(1) Mém. dans lequel on prouve que les Chinois sont une Colonie Egyptienne, par M. de Guignes. Paris 1759. p. 57.

me direz-vous peut-être, où trouvera-t-on la preuve que cette Langue soit abondante, harmonieuse? Dans une Lettre que vous connoissiez, peut-être, lorsque vous avez publié vos deux Extraits, & que je ne connoissois certainement pas lorsque j'ai publié le Prospectus, ou le *Plan général du Monde Primitif.* Vous allez voir que cette Lettre & une des notes que l'Auteur y a jointes, me fournissent tout ce que je pouvois désirer (1).

» La Langue Chinoise est une des plus anciennes du Monde ; la seule probablement qui ait *toujours été parlée* & soit encore *vivante*.... Il paroît que le *petit nombre* & la *brièveté* de ses mots ont dû la préserver de bien des altérations. Les plus grandes n'ont guères pu tomber *que sur la prononciation*.... Malgré ses variétés, la Langue Chinoise *ne compte que* 330 *mots environ.* On en conclut en Europe qu'elle est peu abondante, monotone & difficile à entendre ; mais il faut savoir que les quatre accens nommés... *uni*.... *élevé*... *diminué*... *rentrant*, quadruplent presque tous les mots par une inflexion de voix, difficile à faire comprendre à un Européen... Les Chinois font plus, ils donnent une certaine *harmonie* & une *cadence marquée* aux mots *les plus ordinaires.* Pour la clarté, voici ce qui décide. Les Chinois parlent aussi vite que nous, disent *plus de choses en moins de mots*, & *s'entendent* ».

» On peut croire en Europe que les éloges qu'on donne à la Langue Chinoise sont *un peu* exagerés, peut-être même *outrés* ; mais j'ose assurer que ce qui est bien écrit, *est au-dessus de tout ce qu'on en peut dire.* Toutes nos Langues de l'Europe n'ont rien qui puisse donner idée *de la force & du laconisme pittoresque* de certains morceaux. Un seul caractère fait tableau. Les bons Écrivains connoissent & employent avec succès toutes les figures que les Grecs & les Romains ont employées avec tant d'art dans leurs ouvrages. Le génie de la Langue Chinoise... leur donne une nouvelle force. *Les vers* réunissent tout à la fois *la mesure, la rime, & une sorte de brèves & de longues* PLUS *délicates encore que celles du Grec & du Latin*.... La Poësie Chinoise exprime, sans sortir du style le plus sublime, les choses les plus triviales, & que nous ne pouvons nommer dans nos vers. On a voulu douter qu'elle eût de l'*harmonie*, étant composée de mots TOUS *monosyllabes* : je n'ai que ce mot à dire. Ceux

(1) Pag. 8. & 41. de l'Ouvrage intitulé, *Lettre de Pekin sur le Génie de la Langue Chinoise comparée avec celle des anciens Egyptiens*, en réponse à celle de la Soc. Royale de Londres sur le même sujet; par un P. de la Comp. de Jes. Missionnaire à Pekin. in-4°. Bruxelles, 1773. Elle est datée du 20 Octobre 1764.

» qui lisent le mieux nos vers, décousent pour ainsi dire les syllabes des mots & pésent sur chacune, de façon qu'ils semblent *presque* ne lire que des monosyllabes.... Si on l'examinoit bien, peut-être trouveroit-on que les mots *les plus essentiels* ont été & *sont encore* fort *courts*.... Je ne désespérerois pas d'expliquer *par le Chinois*, comment nous les avons *allongés*; mais ce n'est pas ici le lieu d'en faire l'essai ».

Vous n'exigerez pas, sans doute, que j'articule les raisons qui doivent déterminer à préférer le témoignage & le jugement d'un Savant Missionnaire établi depuis long-tems à Pekin, qui a des motifs si puissans de bien étudier, de bien connoître la Langue Chinoise, à tout ce que pourroit débiter sur le génie, la force & l'harmonie de cette Langue, un Européen qui n'auroit jamais été à la Chine.

» *Il suffit d'exposer toutes ces idées.* Le Public les jugera : nous ne demanderons pas même à l'Auteur comment il a pu retrouver ces mots primitifs fournis par la nature? *Nous le laissons*, à cet égard, *se livrer à toute son imagination.* «

Non, Monsieur, un extrait étranglé, tronqué, je pourrois dire infidele, d'un Prospectus qui n'est lui-même qu'un Extrait, *ne suffit pas* pour mettre le Public en état de *juger*. M. de Guignes, dans un cas à peu près pareil, mais avec cette différence que son Ouvrage avoit été attaqué avec les égards que se doivent des gens honnêtes, & que son adversaire s'étoit nommé, vous a dit d'avance que vous vous êtes *pressé un peu trop*; *qu'il falloit attendre un ouvrage plus étendu que sa petite brochure qui n'est qu'une annonce*; *que c'est comme si, d'après un Prospectus, on alloit se plaindre qu'un Auteur n'a pas donné la solution de toutes les difficultés que présente sa matiere.* D'ailleurs, si vous paroissez vous rapeller un instant les égards que vous devez au Public en disant qu'il *jugera*, vous les oubliez bien vite, en lui dictant ce même jugement que vous feignez d'attendre de lui. *Nous ne demanderons pas même à l'Auteur*, dites-vous, *comment il a pu retrouver ces mots primitifs*, *fournis par la nature*; *nous le laissons*, *à cet égard*, *se livrer à toute son imagination.* Voilà un jugement bien dédaigneux; je pourrois ajouter, & de bien mauvais exemple; car quel est l'homme, quelqu'ignorant qu'il fût, qui ne pût exercer contre tous les gens de lettres, un empire si facile à usurper?

» Il parle ensuite & avec le même *enthousiasme* de l'origine de l'écriture qui ne fut qu'une peinture des objets.

Vous vous délectez surement à mettre du dédain & de l'amertume dans vos décisions; mais, Monsieur,

» *Mais tâchons de ne pas nous égarer avec lui* (1). »

qu'il me soit permis de vous demander, si vous croyez sérieusement que je *m'égare*, lorsque je dis que dans l'origine l'écriture ne fut que la peinture des objets ? Ce point de critique méritoit bien que vous prissiez la peine de le discuter, puisqu'il vous reste des doutes sur cet article ; & vos preuves, si vous prétendez en avoir, devoient au moins être indiquées. Pour moi, j'offre de vous prouver qu'il n'y a pas deux opinions sur cet article entre les Savans de tous les siécles, de tous les Pays. Tous ont dit & répeté que la premiere écriture imaginée par les hommes, n'étoit que la peinture des objets. Je crois pouvoir me borner au témoignage de deux Auteurs qui, sans doute, ne vous seront pas suspects.

» Le caractère radical (des Chinois) qui désigne aujourd'hui une *tortue*, » n'étoit *anciennement que la figure même de cet animal.* De-là, il est aisé de » conclure que plusieurs des caractères Chinois ont été dans l'origine de purs » hiéroglyphes, des signes représentatifs des objets (2) ». M. de Guignes dont j'opose l'autorité à votre opinion, ne se borne pas à cette assertion ; il en tire de plus cette conséquence, que *l'on aperçoit déja la plus grande conformité entre l'écriture des Chinois & celle des Egyptiens.* Cette conformité porte sur ce que *anciennement*, dans son origine, l'écriture de ces deux Nations qui touchent de si près aux Tems primitifs, consistoit à tracer *la figure même* d'un objet, pour désigner cet objet. L'unique maniere de désigner une *Tortue*, étoit de tracer le dessein d'une *Tortue.* Croyez-vous que ce Savant Académicien se soit *égaré*, ou ce qui revient au même, que vous devez *tâcher de ne pas vous égarer avec moi*, lorsque je me déclare pour une opinion qui est évidemment la sienne ? Voici le second témoignage que je vous ai promis.

» Pour répandre encore plus de jour sur cette matiere... je vais placer ici quelques observations... d'après le Grammairien Chinois. Les idées simples des objets *sensibles* ont été les plus faciles à *exprimer.* La *figure* d'un Cheval, par exemple, *indique un Cheval*, celle de *l'œil* indique *l'œil*, &c. Mais il y a loin de-là, jusqu'à peindre les idées abstraites.... Que faire donc ? ce qu'ont fait les Chinois avec beaucoup d'intelligence & de goût... Fixer le nombre des *images* & des symboles ; puis opérer sur ce nombre par différentes combinaisons, en mettant.... deux arbres, par exemple, pour désigner un *bosquet* ; trois pour une *forêt.* » (3).

(1) *Ib.* p. 2180.
(2) Précis du Mém. de M. de Guignes sur l'Origine des Chinois, p. 59.
(3) Lett. de Pekin, p. 11. 12.

» J'ai actuellement sous les yeux un livre où l'on a recueilli plusieurs caractères *kou-ouen*, qui ont échappé au naufrage des autres. Il me paroît *démontré* sur leur figure & conformation que *les anciens caractères* étoient *de vraies images* & symboles, & non des signes représentatifs *arbitraires*, *sans aucun raport avec la chose signifiée*. Ceux qui ont traité le plus à fond cette matiere *parmi les Chinois* désignent les anciens caractères par les noms de SIANG, *image*; HING, *figure*, & gémissent de ce que la plûpart sont perdus. (1) ».

Si ces autorités en matiere de faits & d'opinion, ne vous suffisoient pas, faites-moi la grace de me le dire; établissez avec franchise ce qui vous fait craindre de vous *égarer* en suivant un sentier si battu, & le seul qu'on puisse suivre à cet égard : je vous fournirai abondamment des calmans de toute espéce, & je crois pouvoir espérer qu'ils dissiperont vos frayeurs.

» Nous ne pouvons nous résoudre (2) à COPIER ici tout ce que l'Auteur dit de l'A, premier mot de son Dictionnaire; nous n'en citerons qu'une étymologie. C'est celle du mot *abandon*. Voulant donner la valeur de l'A à la tête des mots, il dit qu'*abandon* est composé de trois mots *a*, *ban*, *don*, qui signifient un *don* fait *à ban*, c'est-à-dire au Public, une chose qu'on livre au premier qui voudra s'en emparer. «

Ceux qui voudront bien jetter les yeux sur le Plan général du *Monde Primitif*, verront qu'en me resserrant autant que je l'ai pû, l'article de la lettre A s'est étendu à IX. Sections, qui remplissent sept grandes pages in-4°. imprimées en petit caractère. Ils n'auront pas de peine à comprendre pourquoi vous n'avez pas *copié* dans votre Extrait tout ce que j'ai dit sur cette lettre. Le travail d'un bon Journaliste & celui d'un bon Copiste ne doivent pas se ressembler. Mais l'excès en tout est un défaut. Vous n'en avez évité un que pour avoir le plaisir de vous jetter dans un autre; & sous prétexte qu'il eût été ridicule de *copier* dans un *Extrait*, *tout* le texte de l'Ouvrage, vous en avez détaché & présenté avec votre adresse ordinaire, une seule étymologie. Par quelle singularité faites-vous entendre que c'est uniquement par dégoût? Vous n'avez pu *vous résoudre*, dites-vous, *à copier tout* ce que j'ai dit sur cette lettre! Mais pourquoi ce prétendu dégoût a-t-il cessé en faveur de l'article *abandon*? Avouez-le, Monsieur,

(1) *Ib.* aux Notes, p. 41.

(2) Pag. 2181.

vous vous êtes flatté de mettre une certaine classe de rieurs de votre côté. Je vais tâcher de mettre du mien des rieurs d'une autre classe.

J'ai dit dans la Vme. Section de l'article où je parle de l'A, que cette lettre est ajoutée à un grand nombre de mots; quelquefois, pour en rendre le son plus harmonieux; souvent, pour exprimer de nouvelles idées, ou des idées plus composées. J'en ai fourni quelques exemples. J'ai dit ensuite que l'A entroit quelquefois comme partie *essentielle* dans les mots composés: j'ai cité les mots *affaire*, *avenir*, *abandon.* Vous n'avez pas trouvé bon que j'eusse avancé, au sujet du dernier, qu'il étoit composé de *trois* mots *A*, *ban*, *don*; que ces trois mots subsistoient *tous trois* dans notre Langue; que le second signifie *Public*, le *Public*, la chose *publique*; qu'en les réunissant, ils signifient un DON fait A BAN (au Public), une chose livrée au premier qui voudra s'en emparer. Vous allez voir que je ne suis pas le seul à qui cette étymologie se soit présentée: aussi m'arrive-t-il souvent dans la carrière que je parcours de retrouver après coup dans des Ecrivains dont je respecte le savoir & la pénétration, ce que m'avoient fourni mes propres réflexions, & je ne dissimule point que c'est pour moi un grand encouragement, un puissant motif de sécurité.

Il est d'usage dans plusieurs Provinces de France d'*abandonner* au bétail les Terres qui ne sont pas cultivées, ou dont le Propriétaire vient d'enlever la récolte. La liberté dont les Habitans jouissent en commun d'envoyer le bétail sur le terrein d'autrui, se nomme assez communément *droit de vaine pâture*, & quelquefois *droit de parcours.* En Normandie, où ce droit paroît avoir existé de tout tems, il se nommoit BANON. Le grand Coutumier de cette Province nous aprend (†) que la *vaine pâture* & le *parcours* sont interdits depuis la mi-Mars jusqu'à la Sainte Croix en Septembre; que dans tout autre tems de l'année, les terres sont *communes*; qu'on nomme *tems de Banon*, celui où le bétail peut être abandonné indistinctement & *sans Pasteur* dans les champs de tous les Propriétaires; que *nul* ne peut défendre ou interdire le *parcours* dans sa terre, *en tems de Banon*; que le BANON doit cesser dans toutes les terres, dès que les semences commencent à lever.

(†) » Terres sont en aulcun temps en *défens*, & en aultre sont *communes*. Toutes » Terres cultivées sont en défens, de quoi bestes peuent légièrement tollir les fruitz. » Vuides Terres sont en *défens* depuis la mi-Mars jusques à la Sainte-Croix en Septem- » bre. En aultre temps elles sont *communes*. Le temps en quoy les Terres sont communes » est appellé *temps de* BANON, en quoy les bêtes peuent aller *communément* par les

Guillaume Rouillé, qui a commenté le grand Coutumier de Normandie, se propose deux difficultés; l'une à l'égard d'un propriétaire qui auroit planté des *porées* dans son champ; l'autre à l'égard d'un cultivateur qui auroit négligé d'enlever ses bleds en *tems de banon.* » Ne pourroit-on pas prétendre, dit ce » Commentateur, que, suivant l'esprit de la Loi, le bétail ne peut aller sans » *Pasteur* dans l'un & dans l'autre champ, même en *tems de Banon?* » Il se décide pour la négative; parce que dans la premiere espèce, *il s'ensuivroit inconvénient au* BIEN PUBLIQUE *pour* CAS PARTICULIER, *qui ne se doit pas faire; car le bien* COMMUN *doit préférer le bien* PRIVÉ; & parce que dans la seconde espèce, *c'est la faulte de cil qui a laissé lesdits ablez aux champs, lesquels il devoit emporter* EN TEMS DEU; *parquoi sa dicte faulte ne doit point porter préjudice* AU BIEN COMMUN.

Vous entrevoyez déjà, Monsieur, que la liberté de disposer des herbages que produit le champ d'autrui, est un *don* fait par la Loi, contre le droit qui devroit naturellement être réservé au seul propriétaire; que ce *don* est fait à tous, au *Public*; & que par conséquent *le tems de Banon* est devenu le tems de la *chose publique*, le tems de l'usage du *don* fait au *Public*.

Vous resteroit-il quelque doute fondé sur ce que le mot *Banon* differe un peu du mot *ban* qui fait la seconde syllabe d'*abandon?* Le plus savant Commentateur de la Coutume de Normandie, Basnage, vous aplanira cette difficulté. Vous verrez que dans son Commentaire, il a substitué le mot BAN au mot BANON qui a été retranché de la nouvelle Coutume. Vous y verrez aussi que ce profond Jurisconsulte a senti que cette Loi étoit contraire au droit commun; que le droit de *Parcours* étoit un *don* fait au Public au détriment du Propriétaire: mais qu'il a cru en même tems, que l'intérêt *public* devoit prévaloir & justifioit ce don (†).

---

» champs sans Pasteur. Aucunes bestes sont qui n'ont point de *banon*, ains doibvent estre » gardées en tout temps... Si, comme sont chiévres qui mangent les bourgeons des » vignes & la croissance des arbres; & porcs qui fouissent les prez & les terres semées... » Nul ne peut *défendre sa terre* en *temps de banon*, se elle n'est close d'ancienneté... » Banon doibt estre ôsté de toutes terres en quoy la blée est aparissant... (Grand Coutumier de Normandie, Chap. VIII. de *Banon & défens*, in-fol. impress. Gothique, 1539.)

(†) » Il semble que notre Coutume... est contraire au droit commun, en *ôtant* aux » Propriétaires la libre disposition de leurs héritages, en les faisant servir au *profit* & à » la commodité d'autrui. Néanmoins l'intérêt *public* a prévalu sur la liberte des particu-

Au cas que vous désiriez de nouveaux éclaircissemens, je puis encore vous renvoyer au plus savant homme qu'il y ait eu peut-être dans le Monde, quoiqu'il ne sût ni les Langues Orientales, ni le Chinois; à DU CANGE. Il vous assurera que dans l'ancienne Langue des Danois, Langue dont les monosyllabes primitifs ont certainement précédé les tems où la Loi de la propriété n'a plus permis de regarder les productions spontanées de la terre comme un bien commun, le mot BAN, duquel ont été formés les mots *Banon* & *Banonium*, signifioit les *Champs*, le *Territoire* (†). Il vous assurera aussi que dans des tems postérieurs, quoique fort éloignés, le même mot a fait former ceux-ci, *abandum*, *abandonum*, *habandonum* [††], qu'il explique par cette phrase Latine, *res arbitrio cujusque exposita*, & qu'il traduit par ces mots François, *chose* ABANDONNÉE. Enfin vous y trouverez qu'*Etienne Pasquier* a dit que notre mot *abandon* étoit composé de trois mots, *a*, *ban*, *don*, dans le même sens que ceux-ci, *don fait à ban*, & qu'il a fondé cette étymologie sur le sens du mot *Bannum* [1].

Pour ménager votre tems & votre travail, lorsque vous vérifierez les autorités que je vous indique, je crois devoir dire que l'explication du mot *abandum* dans le Glossaire de du Cange, n'est pas en entier de ce savant Homme. Tout le monde sait que des Bénédictins, fort savans eux-mêmes, ont fait des additions à cet Ouvrage. Leurs additions sur le mot dont il s'agit, démontrent que les divers sens qu'il a reçus, tiennent tous, plus ou moins, au sens que j'y ai attaché dans l'endroit de mon *Plan Général* que vous avez attaqué: il signifie

---

» liers. Et comme le bétail fait une partie considérable du ménage & de la richesse des » champs. . . par une considération de *police* & d'utilité *publique*, on a *rendu communes* en » certaines saisons les terres vuides & non cultivées.

» TERRIEN étoit dans cette erreur. . . & il croyoit que l'on ne pouvoit clore sa » terre de nouveau *au préjudice du* BAN.

(Basnage, sur la Cout. de Norm. art. 82. Tom. I. p. 126. édit. de 1709.)

(†) BANO (melius *Banonium*, agri libertas seu *communis* agri depascendi liber usus) Jura & Consuetudines Normanniæ, cap. 8. *Tempus quo terræ sunt communes*, *tempus Banoni*, &c. . . . *Temps de Banon*, in Gallicâ editione quo scilicet *Bannum* indicitur pro communi agrorum usu.

Apud Hickesium, Thes. Ling. Sept. Tom. I. p. 163. *Ban* (unde *Banon* & *Banonium*) in veteri Gotho-Scandico sive Danico, pro agro & territorio frequenter accipitur. *Gloss. Ducang. verbo* BANO.

(††) Ibid. verb. ABANDUM.

(1) Recherches d'Et. Pasq. Liv. VIII. c. 36.

quelquefois *garantie*, *cautionnement*; quelquefois *hypothéquer*, *donner par assurance*, *abandonner*; expressions qui présentent toutes l'idée ou de choses délaissées dont chacun est maître de s'emparer, ou d'un droit volontairement *donné* à autrui sur des biens qui ne lui appartiennent pas, lequel droit *donné* par le Propriétaire sur sa chose, peut éventuellement la faire devenir la chose d'autrui, comme dans le cas de *cautionnement* & de *garantie*.

Si l'*enthousiasme* & l'*imagination* ne m'*égarent pas*, je crois que n'ayant pu vous *résoudre à copier tout* ce que j'ai dit sur la Lettre A, vous regretterez d'avoir changé de résolution pour le seul mot *abandon*. Au reste, Monsieur, daignez m'éclairer, si vous persistez à penser que je suis dans l'erreur: vous me trouverez toujours docile à d'utiles leçons.

» Dans le Dictionnaire Etymologique de la Langue Françoise (1) on voit que *Bedeau*, *répeter* & *inviter*, viennent d'une même racine, ou du mot primitif *Bed* qui désigne toute idée relative à invitation & demande. Les Latins en ont dérivé *Peto*, demander. »

Si j'avois cru devoir respecter l'oreille de mes Lecteurs plus que leur jugement, les raisons qui ont fixé votre attention sur le mot *Bedeau*, m'eussent averti de le retrancher d'une liste assez nombreuse, dans laquelle vous me donnez lieu de remarquer qu'il y a quelques mots doux, comme *Académie*, *apanage*, *disette*. Il m'eût été facile de rendre cette liste plus nombreuse encore, & de n'y faire entrer que des mots harmonieux. Mais j'avoue que j'aurois craint que cette affectation n'eût été plus choquante pour des Savans, que le son du mot *Bedeau*. Si vous étiez mon seul Juge, je verrois bien qu'il ne suffit pas de donner des étymologies vraies, & que l'essentiel est de ne donner que celles des mots nobles & sonores.

» Il y a des mots, suivant notre Auteur, dans la Langue Hébraïque [2], *dont il retrouve la racine* dans le François; ce qui paroîtra *contraire à* TOUTES *les idées reçues*. «

J'ai dit, en effet, que l'on retrouvoit dans la Langue Françoise des racines qui ne subsistoient plus dans la Langue Hébraïque, telle que nous l'avons. J'ai cité nos mots *bande*, *mal* [3], *chyle*, *munir*, *cher* [4], &c. On a dit qu'il falloit être Pyrrhonien outré pour douter que *pain* dérivât de *panis*; il faut l'être autant pour douter que les racines qui ont fait les mots hébreux *abend*, *amal*,

(1) Nov. p. 2182.
(2) Ib. p. 2183.
(3) Plan gén. p. 27.
(4) Ib. p. 50.

*akil*, *amun*, *ikar*, &c. ne ſe ſont pas conſervées dans ces mots *bande*, *mal*, *chyle*, *munir*, *carus* ou *cher*, qui offrent le même ſens. Loin que cette aſſertion ſoit contraire *à toutes les idées reçues*, elle eſt une conſéquence néceſſaire de ce Principe admis par un ſi grand nombre de Savans, que toutes les Langues, mortes ou vivantes, ne ſont que des dialectes d'une *Langue primitive* qui exiſte encore, quoiqu'éparſe parmi les différens Peuples. Qu'y a-t-il de contradictoire & d'abſurde à ſoutenir, que telle racine qui a été altérée dans un dialecte, n'a pas ſubi des altérations dans un autre ? D'ailleurs quand il ſeroit aiſé de prouver que mes idées ſont contraires à TOUTES *les idées reçues*, qu'en réſulteroit-il contre mon Principe ? Ouvrez les Mémoires de toutes les Académies, & vous verrez combien d'erreurs anciennes qu'on auroit pu qualifier, pendant long-tems, d'*idées reçues*, ont diſparu devant des vérités découvertes & dévelopées par des modernes. Vous attaquez tout, vous n'entrez en diſcuſſion ou en preuves ſur rien : toujours des déciſions ſéches & magiſtrales. Il ſemble que vous ayez fait vœu d'infaillibilité, & que vous exigiez de l'Univers le vœu d'obéiſſance aveugle. Je vais vous en donner quelques nouvelles preuves.

### DÉCISIONS *du Journaliſte ſur le Génie Allégorique & ſur la poſſibilité ou l'impoſſibilité de pénétrer le ſens des Allégories.*

Vous regardez, Monſieur, comme une portion de l'ancienne Hiſtoire, trois *Allégories* dont j'ai donné l'explication. Je crois, au contraire, que ce n'eſt qu'en entrant dans l'eſprit allégorique des Anciens, qu'on trouve un ſens raiſonnable, honnête, utile dans ces antiques narrations. Elles ne ſeroient qu'un ramas d'indécences & d'atrocités, ſi elles étoient regardées comme hiſtoriques. Ma ſécurité vous étonne : je ne ſuis pas moins étonné qu'il exiſte un ſeul homme bien perſuadé, qu'en liſant les aventures attribuées à Saturne, à Mercure, à Hercule, il a lu l'Hiſtoire des premiers ſiécles du Monde.

Quelqu'impreſſion que puſſent produire les efforts que vous avez faits pour rendre mes explications ridicules, j'ai une répugnance invincible à diſcuter toutes vos déciſions : &, pour me ſervir d'une de vos phraſes, *j'avoue que je ne puis me réſoudre à vous ſuivre dans tous ces écarts.* En effet, Monſieur, vous avez découpé des faits qui forment un enſemble dans mon Ouvrage ; vous avez ſuprimé tout détail qui auroit pu faire ſoupçonner que ces faits avoient entr'eux quelque liaiſon, & qu'ils s'éclairoient mutuellement : vous avez totalement iſolé ceux que vous avez aſſez dénaturés, pour faire paroître abſurde leur aplication à des objets physiques ou moraux. *J'aime beaucoup mieux m'aprocher de mon but, que de m'arrêter ainsi dans une fausse route* [ 1 ].

Vous ne dites nulle part en quoi je me suis trompé ; c'est par masses que vous persiflez dédaigneusement ce que j'ai publié : il faudroit donc que je transcrivisse une longue suite de pages de mes *Allégories Orientales* pour faire aprécier des jugemens souvent énoncés en une seule ligne. Je respecte trop le Public pour me livrer à ce genre de réfutation. Mais je conjure ceux qui aiment les Lettres, qui examinent sans partialité les Ecrits d'autrui, qui ont le cœur assez honnête, assez bienfaisant pour instruire & pour fortifier dans leur marche ceux qui cherchent à se rendre utiles, de lire de suite les trois Allégories que j'ai expliquées, & l'extrait prétendu que vous avez donné. Si, contre toute aparence, & contre l'opinion des plus savans hommes parmi les Anciens & les Modernes, on étoit de même avis que vous à l'égard du fonds, je suis bien sûr que le jugement différeroit entierement du vôtre à l'égard de la forme. Je crois vous devoir & me devoir à moi-même, de m'expliquer sur quelques phrases de vos extraits qui, par leur ton & leur tournure, ne semblent pas apartenir au XVIIIe Siécle.

» Comment ce Génie [*allégorique*] a-t-il [ 2 ] pû échaper à *tous ceux qui ont jusqu'à présent travaillé sur l'Antiquité* ? «.

Je crois pouvoir vous assûrer qu'il n'a échapé à personne, pas même à ceux qui ont fabriqué des systêmes pour adapter à l'histoire, des récits qui résistoient de toutes parts aux prétendues identités que l'esprit systématique avoit cru saisir. Ce qui a échapé à beaucoup d'Ecrivains qui ont travaillé sur l'Antiquité, c'est la vraie clef de ces Allégories. Au milieu d'une obscurité profonde, & qu'ils rendoient permanente, ils ont aperçu des lueurs semblables à ces météores qui ont si souvent égaré des voyageurs. Ils se sont épuisé en efforts violens & continus pour assimiler ces lueurs trompeuses, à la lumiere d'un jour serein. On leur a vainement démontré l'inutilité de chercher des Empires, des successions de Rois, dans des tems où l'on ne trouve aucune trace de Nation, de Police, de Loix, où par conséquent il n'a pû exister de Souverains. Ces Ecrivains se sont obstinés à préférer un Edifice chimérique qui étoit leur ouvrage, à l'Edifice réel qu'ils avoient inutilement essayé de reconstruire. L'amour-propre ne fournit que trop d'exemples de pareilles mé-

(1) M. de Guignes, dans sa Réponse aux doutes, &c.

(2) Nov. p. 2185.

prises suivies de la même obstination. Mais, Monsieur, le sens allégorique qui substitue la raison & l'instruction aux extravagances & au scandale du prétendu sens historique, a-t-il *échapé* à Varron, à Ciceron, à Plutarque & à tant d'autres Ecrivains de l'Antiquité? A-t-il échapé à Massieu, à Freret, à Bougainville, à M. le Batteux, à une multitude de Savans modernes? De quels Ouvrages étoit composée la Bibliothéque où vous avez puisé vos lumieres? Vous, qui m'adressez cette étonnante Question, *comment le Génie allégorique a-t-il pu échaper* A TOUS CEUX *qui ont* JUSQU'A PRESENT travaillé sur l'*Antiquité*? Je vous le répete, il n'a *échapé* à personne.

» L'Auteur remarque [1] que tous ceux qui ont expliqué ce Monument (le Fragment de Sanchoniaton) n'y ont trouvé qu'une suite de Rois d'une même Famille qu'ils ont essayé de reconnoître. Dans son systême, ce n'est point une Histoire, ni une suite de Générations qu'il y faut chercher, mais une Allégorie ingénieuse, liée à la Mythologie Orientale, mere de celle des Grecs & des Romains. Ainsi les infidélités d'Uranus à l'égard de sa femme, & les atrocités qu'on reproche à Saturne, ne sont que des Allégories. «

Vous ne contestez pas, Monsieur, que l'explication que j'ai donnée au Fragment de Sanchoniaton, se trouve LIÉE à la Mythologie Orientale, mere de celle des Grecs & des Romains. Vous avez donc senti que c'étoit en *liant* étroitement différentes parties disséminées, que j'ai rendu sensible la justesse de mes explications. Il falloit briser ces liens, ou reconnoître la solidité de l'ensemble que j'avois formé. Quelle idée un Lecteur peut-il se faire, d'après le compte que vous lui rendez, & que je viens de copier en entier, de la liaison des faits que j'ai raprochés? J'avoue que tout cet ensemble étant suprimé, il doit paroître assez ridicule que j'aye tiré pour unique conséquence de mes explications, que *les infidélités d'Uranus à l'égard de sa femme, & les atrocités qu'on reproche à Saturne, ne sont que des Allégories*. Mais ce bouleversement, cette incohérence, ne sont pas mon ouvrage; c'est le vôtre. Au reste, vous ne vous en tenez pas là, vous donnez *immédiatement* la réfutation savante, lumineuse de ce que j'ai fait pour lier, dans le plus grand détail, les différentes parties du Fragment à la Mythologie. Le Public jugera de la solidité & de l'élégance de cette réfutation.

» C'est *ainsi* que *quelques-uns* [2] ont voulu expliquer Homère & d'autres

Quiconque diroit que les Poëmes d'Homère ne contiennent *que des faits*,

(1) Décemb. p. 2576.

(2) Décemb. p. 2576.

» Ouvrages anciens, allégoriquement, prétendant qu'ils ne contenoient pas des faits, mais les détails exacts des différens procédés du *grand-œuvre*: ici, c'est l'Agriculture; mais il y a apparence que cette explication ne fera pas plus fortune en ce genre que le *grand-œuvre*, & que ces systêmes ne passeront que pour des VISIONS. Peut-être viendra-t-il un tems que la Henriade sera expliquée de même. »

ne mériteroit pas qu'on perdît son tems à le détromper. On est inconvertible, lorsqu'on n'est pas capable d'écarter du premier coup-d'œil une absurdité si manifeste. « Quant à la Fable *allégorique*, » si l'on considere [1] les secrets sans » nombre que les fictions de l'Iliade » expriment à leur maniere, quelle » scène de prodiges vient nous charmer? Quel fut le Génie qui sût peindre les propriétés des élémens, les » facultés de l'esprit, les affections du » cœur, les vertus & les vices; qui sût en faire *des Personnages constans*, » & qui les mît *en action*, sans jamais leur faire de violence? Nul Auteur n'est » entré en lice avec Homère à cet égard «.

Quiconque diroit que ces Poëmes renferment & des *faits* & des *Allégories*, se trouveroit d'accord avec tous les Savans, avec tous les Gens de Lettres qui ne songent pas à se singulariser par des paradoxes. Ceux qui n'ont trouvé dans les Ouvrages immortels de ce Poëte sublime que les *détails exacts des différens procédés du grand-œuvre*, sont évidemment des *visionnaires*, puisqu'ils cherchoient à découvrir un secret qu'ils n'avoient pas; de l'existence duquel ils ne voyoient aucune trace au tems d'Homère; & qu'ils ne pouvoient avoir aucune espérance de démêler, à travers des Allégories qu'ils forgeoient eux-mêmes, les procédés d'un Art qui leur étoit inconnu.

Des gens raisonnables & bien intentionnés, qui chercheroient & qui parviendroient à trouver sous l'envelope d'Allégories aussi brillantes qu'heureuses, ces vérités physiques, morales & politiques dont Homère est rempli, doivent-ils être confondus avec les gens dont vous parlez? Il me semble que l'envie de blesser & d'humilier jette ici votre Logique dans d'étranges écarts. Denys d'Halicarnasse, Saluste le Philosophe, Varron, le Chancelier Bacon, l'Abbé Massieu, Freret, M. l'Abbé le Batteux, &c. ne seroient-ils que des *visionnaires*? Et de combien de noms respectables ne pourrois-je pas grossir cette liste? Je pourrois même vous objecter votre propre autorité. N'avez-vous pas été forcé de dire [2] qu'*on ne peut nier que dans la Mythologie ancienne, il n'y ait des traits allé-*

(1) Préface de l'Homère Anglois de Pope.

(2) Décemb. p. 2589.

*goriques*? Vous les avez donc aperçus. Pourquoi refusez-vous aux autres le droit de les apercevoir? Sont-ils devenus des visionnaires, parce qu'ils n'ont pas retenu pour eux seuls, des observations dont ils ont cru que le Public pouvoit profiter; parce qu'ils ont respecté l'homme considéré en lui-même; qu'ils ne l'ont pas regardé comme un monstre, & qu'ils n'ont pas cru qu'il ne pouvoit commettre que des actions monstrueuses, avant que l'esprit & le cœur humain eussent fait les immenses progrès dont nous jouissons; parce qu'ils ont publié que les principes & les effets des Arts de premiere nécessité avoient été transmis d'une génération à l'autre sous le voile de l'Allégorie; qu'il étoit puérile de travailler à se persuader que l'histoire des premiers âges étoit consignée dans des récits dont le sens littéral réuniroit l'atrocité & l'indécence, & prouveroit par conséquent que les Sociétés les moins nombreuses n'auroient pu subsister dans ces tems d'horreur & de destruction; qu'au contraire, le sens manifestement allégorique de ces récits, étoit conforme en tout à la marche de la Nature; qu'il se raportoit aux premiers besoins des Sociétés naissantes, aux premiers moyens qu'il étoit possible d'employer pour les faire cesser, à l'accroissement des besoins même par la découverte successive des moyens de les satisfaire, & par le perfectionnement ou l'augmentation des ressources puisées dans la Nature contre notre insuffisance individuelle, insuffisance que les premieres découvertes ne faisoient sentir que plus vivement? Pourquoi s'obstiner à chercher les ténébres & le désordre, où les premiers traits de la lumiere & de l'harmonie sociale éclatent de toutes parts?

Je n'irai certainement pas chercher *les détails & les différens procédés du grand-œuvre* dans Homère; mais j'ai cherché les détails & les principaux procédés de *l'Agriculture*, & je les ai trouvés dans le fragment de Sanchoniaton, Auteur plus ancien qu'Homère, & je les retrouve sans peine dans plusieurs autres écrits de l'Antiquité. Seroit-ce une *vision* que de soupçonner & même d'affirmer que le premier & le plus important objet pour les sociétés naissantes, a été le premier sujet de leurs chants & de leurs écrits? Que les Hommes étant parvenus à se délivrer des inquiétudes & des fatigues qu'entraînoit la recherche de leur nourriture dans les productions spontanées de la terre, leur joie, leur admiration, l'amour des Peres pour leurs enfans, la reconnoissance envers la Divinité, dicterent avant tout, la description d'un art qui affermissoit pour jamais la base jusqu'alors incertaine de leur réunion? Comment pourrions-nous en douter? Les transports de cette joie, de cette admiration, ne s'étoient même pas ralentis dans des siécles très-postérieurs à Sanchoniaton. Le corps entier de l'Histoire & de la Littérature dépose de ce fait essentiel. Ne faudroit-il pas, au contraire, se faire une violence extrême pour supôser que les premiers chants & les premiers écrits des hommes, ont eu pour sujet des aventures atroces ou dégoutantes, attribuées à une longue suite de Rois, & arrivées dans des tems & dans des pays où il n'y avoit, ni ne pouvoit y avoir de Rois? La découverte la plus importante à l'humanité, n'a cessé d'être un objet public d'aplaudissement & de reconnoissance que dans des siécles très-postérieurs ; & la Fable même prouve littéralement que l'Agriculture est le premier art que les hommes ayent inventé, & célébré par des fêtes publiques.

On trouveroit aujourd'hui des Erudits qui croiroient qu'en débrouillant ou en transportant d'un pays à un autre, la généalogie de Princes qui auroient régné dans quelque recoin du Monde, ils se sont rendus plus utiles que les Inventeurs des moyens d'assurer des subsistances aux sociétés les plus nombreuses ; mais aujourd'hui même où l'Agriculture n'est pas traitée avec la même distinction que chez les Anciens, tous les gens sensés regarderoient ces Erudits comme des *Visionnaires*. Ils leur diroient avec un Écrivain moderne : » l'ignorance & » l'ingratitude placent toujours (1) un Art au même niveau que les mains » grossières qui l'exercent. Mains respectables, par la nature des secours qu'elles » fournissent à l'humanité ; méprisées, parce qu'aucun éclat n'apelle les yeux » sur ce qu'elles touchent. La multitude ne saura jamais que c'est du sein des » travaux en aparence les plus abjects, & souvent du sein de la misere & des » larmes, que sortent les richesses, la force & la splendeur des Empires ». Je n'ai donc à rougir, ni comme homme, ni comme homme de lettres, d'avoir montré l'Agriculture dans les écrits de la plus haute antiquité. Mais j'avoue que j'aurois à rougir de n'y avoir vu que l'Agriculture.

Elle avoit été célébrée de vive-voix avant la découverte des Symboles primitifs de la parole, & elle avoit certainement fait naître différens arts utiles, long-tems avant que l'écriture proprement dite eût été inventée. C'est par cette raison, puisée dans l'ordre naturel des choses, que les Écrivains & les Monumens qui nous restent ont presque toujours fait entrer plusieurs Arts dans les symboles ou dans les descriptions de l'Agriculture (†) ; mais on la voit per-

(1) Corps d'Observat. de la Soc. d'Agric. de Bretagne, ann. 1757. & 1758. pag. 6. des Observ. prélim.

(†) » Ces premiers Arts que les hommes apprirent d'abord ... sont l'Agriculture, » l'Art Pastoral, celui de se vêtir, & peut-être celui de se loger. Aussi ne voyons-nous » pas le commencement de ces Arts en Orient, vers les lieux d'où le Genre-humain s'est » répandu. « (Disc. sur l'Hist. Univ. de Bossuet, pag. 10. édit. de Cramoisy, in-4°. 1681.)

sévéramment

févéramment placée au devant du Tableau, comme le germe de toutes les autres découvertes. C'est ce qu'avoient remarqué avant moi des Savans que personne encore ne s'étoit avisé de traiter de *Visionnaires*, & qu'il est incroyable que vous placiez sur la même ligne que ceux qui n'ont vû que le *grand-œuvre* dans les Poëmes d'Homère.

Vous avez, sans doute, regardé comme une plaisanterie gaie & de bon ton, la prédiction, qu'il *viendra un tems que la Henriade sera expliquée* DE MÊME. Si vous avez voulu dire qu'il se trouvera des *Visionnaires* qui prétendront y lire *les procédés du grand-œuvre*, je crois pouvoir vous prédire à mon tour, que ce tems ne viendra jamais. Si vous avez voulu dire que *quelques-uns expliqueront* la Henriade *allégoriquement, prétendant qu'elle ne contient pas des faits, mais les détails exacts des differens procédés* de quelqu'Art chimérique, je vous prédis encore que ce tems n'arrivera pas. Mais je vous affirme, pour le présent & pour l'avenir, qu'on ne verra dans la Henriade que ce qu'elle est ; c'est-à-dire, un Poëme dans lequel l'Auteur a réuni aux faits historiques les plus intéressans pour la Nation Françoise, les graces & la pompe des Allégories les plus nobles & les plus ingénieuses. On y distinguera, comme dans les Poëmes d'Homère, ce qui appartient à l'*Histoire* & ce qui appartient à l'*Allégorie*. A quel dégré d'ignorance ou de stupidité ne faudroit-il pas être parvenu, pour ne pas voir que le massacre de la S. Barthélemy, l'assassinat de Henri III, la bataille d'Yvri, le siége & la famine de la Capitale, le retour des Parisiens à l'obéissance, après qu'Henri IV. se fût fait Catholique, & une foule d'événemens aussi vrais qu'extraordinaires, appartiennent à l'Histoire ? Par quel renversement de bon sens pourroit-on ne pas reconnoître des récits purement allégoriques, en lisant le voyage de la *Discorde* à Rome ; sa confédération avec la *Politique* qui régnoit au Vatican ; leur course rapide à Paris pour armer, sous le masque de la Religion, la main parricide de Jacques Clément ; le sommeil envoyé à Henri IV, pendant lequel Saint Louis le transporte en esprit au ciel & aux enfers, & lui fait voir dans le Palais des Destins, sa postérité & les grands Hommes que la France doit produire ? Et quelles ressources de l'Allégorie ont été oubliées dans un Poëme où l'intérieur & tous les dehors du Temple de l'Amour sont animés, où la Religion, les vertus, les vices sont personifiés & mis en action ?

Je crois qu'il suffit d'avoir une juste idée de l'esprit humain, d'avoir vécu avec des hommes éclairés, & de s'être nourri de la lecture de livres sages & profonds, pour se borner à ne voir *que des faits* dans des écrits anciens qu'il est impossible d'attribuer à des insensés, & qui cependant, sous un point de vue purement historique, ne seroient qu'un ramas d'extravagances. J'ose vous le dire, l'acharnement à étayer un systême qui s'écroule de toutes parts, seroit une des plus étonnantes *visions* dans un siécle aussi éclairé que le nôtre.

» On ne peut nier que dans la Mythologie ancienne, il n'y ait des traits *allégoriques* : mais que toutes les histoires des *différentes* Divinités chez les *différentes* Nations ne soient qu'une seule & même *allégorie* rapportée à l'*Agriculture & à ce qui en dépend*, c'est un systême insoutenable ».

Je n'ai jamais dit & je n'ai jamais pensé que *toutes* les histoires des différentes Divinités ne fussent *qu'une seule & même allégorie* rapportée *à l'Agriculture & à ce qui en dépend*. Il est au moins étonnant que vous réduisiez à trois articles, *Saturne*, *Mercure*, *Hercule*, ces innombrables histoires. Encore n'y a-t-il dans les Allégories que j'ai développées que celle de *Saturne* qui se raporte immédiatement à l'*Agriculture*; celle de Mercure se raporte à *l'Astronomie*, & celle d'Hercule au *défrichement*, au *desséchement* des Terres. » AGRICULTURE, ai-je dit, étoit [1] le » mot de l'allégorie énigmatique que nous offroit Saturne & sa Fable. ASTRO» NOMIE sera le mot de celle que nous offre Thot ou Mercure ». Vous l'avez remarqué vous-même, page 2882. de votre Extrait du mois de Décembre.

Direz-vous, pour m'échapper, que vous ne qualifiez de *systême insoutenable* que celui qui réduiroit tout à une *seule & même* Allégorie, rapportée *à l'Agriculture & à ce qui en dépend*; que l'Astronomie étant une dépendance de l'Agriculture, vous êtes en droit de m'imputer que c'est à cette *seule & même* Allégorie que j'ai tout rapporté ? Mais, Monsieur, il y auroit pour le moins une énorme inéxactitude dans votre expression. L'art de régler à propos les travaux agricoles *dépend* de l'observation assidue de l'ordre des saisons, & des signes célestes qui les précédent, les accompagnent & les suivent. Dans ce sens, l'Agriculture seroit une *dépendance* de l'Astronomie : mais jamais qui que ce soit ne s'est avisé de dire que cette science *dépendît* de l'Agriculture ; on pourroit dire avec autant de justesse que l'Astronomie *dépend* de la *navigation*.

D'ailleurs, Monsieur, vous seriez tombé dans cette faute de raisonnement si souvent reprochée à ceux qui se laissent emporter par le désir d'avoir raison dans les cas où ils se trompent le plus visiblement, & l'on vous diroit, *qui prouve trop ne prouve rien*. En effet, si je trouvois dans une Allégorie ancienne la description d'un *Art* quelconque ; si j'y reconnoissois d'après leur désignation, ou par des usages & par des noms qui se fussent conservés jusqu'à nous, quelques instrumens

(1) Page 100 des Allég. Orient.

ou quelques moyens qu'un Laboureur pût apliquer utilement à ses travaux, vous pourriez soutenir avec autant de solidité, que j'ai raporté cette Allégorie à l'Agriculture & que l'*Art* dont j'aurois reconnu la description en *dépend.* Mais je n'apuierai pas plus long-tems sur cette méprise, quoiqu'elle paroisse volontaire. J'ai un reproche d'une toute autre importance à vous faire.

*On ne peut nier*, dites-vous ; *que dans la Mythologie ancienne il n'y ait des traits Allégoriques.* A quoi les avez-vous distingués *des traits* qui, selon vous, sont d'un autre genre ? Ce discernement ne seroit-il difficile, ou même impossible qu'au reste des hommes, & la Nature vous auroit-elle donné, à cet égard, un instinct, un tact exclusif ? Je n'userai pas de représailles, Monsieur, & je ne vous imputerai pas une prétention si exhorbitante, pour ne rien dire de plus. Mais vous me mettez en droit de vous sommer de publier les régles qui vous ont conduit à démêler avec sureté ce que vous dites être une source de méprises pour les Gens de Lettres. Cacher des instrumens de cette importance, c'est faire naître des doutes, & peut-être plus que des doutes sur leur existence. Vous affirmez à plusieurs reprises que la Mythologie *ancienne* est une branche de l'Histoire. Vous avouez ici qu'on ne peut nier qu'elle ne renferme des traits Allégoriques. Pour peu qu'on vous pressât, on vous forceroit à avouer que la ligne de démarcation entre l'Histoire & l'Allégorie n'est pas toujours assez nettement prononcée pour dissiper tous les doutes ; ensorte qu'il doit nécessairement rester plus ou moins de *traits* qu'il est très-difficile, selon vous, & peut-être impossible de classer avec sureté. Si vous avez nettement distingué les uns des autres, il faut que vous ayez eu des régles pour vous conduire. Si vous n'en aviez pas, vous ignoreriez la réalité des *traits Allégoriques*, & vous ne l'ignorez pas, puis que vous établissez en maxime qu'*on ne peut la nier.* Croyez-vous qu'il eût été au-dessous d'un Écrivain qui a dicté tant d'arrêts sur cette matière ; de donner au moins une idée des principes infaillibles de critique qui l'ont dirigé ?

Ne dites pas que ces instructions vous eussent mené au-delà des bornes d'un extrait ; c'est l'apanage des hommes transcendans que d'éclairer toutes les routes avec quelques grands traits de cette lumiere vive & féconde qui dirige & les contemporains & la postérité. D'ailleurs, il n'est pas si essentiel aux *Extraits* d'avilir les ouvrages qu'on examine, qu'il ne soit permis d'y faire entrer d'utiles instructions ; & quand même on tomberoit alors dans l'inconvénient de la longueur, ce ne seroit certainement pas la partie de l'Extrait la plus ennuyeuse. Vous n'avez pas voulu dissiper les ténébres dont vous pensez que je suis envelopé. Peut-être un défi me fera-t-il obtenir de votre amour-propre, ce que j'aimerois mieux devoir à votre amour pour les Lettres & pour ceux qui les cultivent. Je vous défie donc d'établir & de publier les régles de critique d'après lesquelles vous prétendez avoir distingué avec sureté dans la Mythologie *ancienne*, les traits Allégoriques, des faits historiques. Si vous gardez le silence, j'en conclurai, & j'espere que le Public en conclura avec moi, que tout ce que vous avez débité contre mon Ouvrage sur cet objet essentiel, est pour le moins hazardé. Si le sentiment de vos forces vous détermine, au contraire, à publier votre secret, comptez sur la promptitude de mon hommage : j'avouerai sans restriction que j'ai été égaré par les principes que j'ai suivis dans l'explication des Allégories Orientales sur Saturne, Mercure & Hercule. Vous voyez, Monsieur, que l'amour des Lettres est la seule passion qui m'anime.

*Imputations d'incapacité, d'ignorance, de présomption, d'enthousiasme. Persiflage, injures, &c.*

« Dans le Plan de l'Ouvrage (1) on ne voit que des annonces & des promesses de Traités differens. Pour les exécuter, il faudroit *une Société des plus savans Hommes de toutes les Nations*, qui sussent toutes les Langues, qui eussent sous les yeux *tous* les Monumens : *nous doutons encore qu'ils pussent y réussir.* »

Il doit me suffire de vous répeter, d'après M. de Guignes, qu'un *Plan*, un *Prospectus*, une *Annonce*, ne peut & ne doit contenir que des *annonces & des promesses de Traités.*

A l'égard de la *Société des plus savans Hommes de toutes les Nations*, je l'ai trouvée, sur les matières dont je m'occupe, dans mes livres, dans ceux de mes amis, dans les Bibliothéques de France & des Pays étrangers dont les livres m'ont été indiqués & communiqués par des Savans distingués. Ils ont même bien voulu m'aider de leurs observations & de leurs lumières. Ils m'ont persuadé, par ces actes d'honnêteté & de bienfaisance, qu'ils ne jugeoient pas de mon entreprise avec le mépris dont vous faites ostentation à chaque page de vos Extraits. Je dois à leur amour pour les Lettres, cette *Société* qui réunit éminemment les lumières de *toutes* les Nations, la connoissance de *toutes* les Langues & de *tous* les Monumens : malgré ces avantages, je n'aspire nullement à vous troubler dans le plaisir de *douter* du succès de quelqu'Ouvrage que ce soit.

(1) Nov. p. 2186.

« L'Auteur *tout seul*, sans connoître (1) de ces Langues que *quelques mots*.... osa *annoncer* un pareil travail. Pour parler exactement d'une Langue, il faut la connoître & l'entendre. Celui qui *n'en* a que *quelques mots* qu'il cherche *avec peine* dans un *Dictionnaire*, *s'en impose à lui-même* lorsqu'il veut en développer les origines. »

Vous venez de voir, Monsieur, que je ne suis pas *tout seul*; que j'ai commencé par me mettre en bonne & nombreuse Compagnie.

Les Bibliothéques des Hommes les plus savans dans les Langues, contiennent des *Dictionnaires*; ce qui seroit fort étrange, & peut-être ridicule, s'il leur étoit interdit d'y avoir recours. Lisez le Mémoire de M. de Guignes dans lequel il *essaye d'établir... que la Nation Chinoise est une Colonie Egyptienne* (2). Vous y verrez (*pag.* 8, 9, 15, 16, 21) qu'il n'a pu se dispenser de recourir à des Dictionnaires, lorsqu'il a voulu comparer la forme, le sens, le son de mots & de lettres Hébraïques ou Phéniciennes, à la forme, au sens, au son de mots & de caractères Chinois. Il est vrai que, selon toute apparence, M. de Guignes trouve avec facilité tout ce qu'il veut dans ses Dictionnaires, au lieu que vous affirmez que je n'y *cherche qu'avec peine.*

Je n'ai qu'une réponse à vous faire : comment le savez-vous ? Comment pourriez-vous même le savoir ? Et ne le sachant pas, quelles peuvent être les dispositions d'esprit & de cœur qui vous ont porté à l'affirmer ? Regardez-vous ces dispositions comme essentielles à un Journaliste ?

« Prétendre découvrir [3] tant de choses dans l'Antiquité, n'est-ce pas aller trop loin ? C'est se livrer à des conjectures *frivoles* & *hazardées*. »

J'ai peine à concevoir comment *prétendre découvrir*, ce soit *se livrer à des conjectures*. Peut-être avez-vous voulu dire que les découvertes que je prétendois pouvoir faire, ne seroient fondées que sur des conjectures *frivoles* & *hazardées*. Dans ce cas, je vous dirai que je comprends encore moins comment vous vous y prenez pour savoir d'avance ce qui entrera dans des Traités qui ne sont qu'*annoncés*, que vous n'avez pas vus, dans lesquels il peut entrer des conjectures, sans que tout y soit *conjectures*, & sans qu'elles soient toutes *frivoles* & en même tems *hazardées*.

(1) *Ib.* p. 2187.

(2) Mém. de l'Acad. des Insc. & Bell. Let. Tom. XXIX.

(3) Nov. p. 2189.

*Prétendre découvrir tant de choses* dans l'avenir, *n'est-ce pas aller trop loin* ? Et comment qualifier, sans vous blesser, les *conjectures* que vous croyez être en droit de former & de publier ?

Vous connoissez, sans doute, les Mémoires de l'Académie des Belles-Lettres, & le Journal des Savans. Il a dépendu de vous d'y chercher & d'y trouver une multitude de découvertes qui ont été faites depuis un siècle sur les Monumens les plus obscurs de l'Antiquité. Il y en a peu dans lesquelles il ne soit entré quelques conjectures pour lier plus étroitement des faits constans en eux-mêmes, dont le raprochement, la liaison & la connexité forment proprement les découvertes ; mais les conjectures n'en sont pas la base. Quel honneur ç'eût été pour un Journaliste qui auroit vu *l'annonce* de ces Ouvrages avant leur publication, que de prédire au Public qu'il n'y trouveroit que des conjectures *frivoles & hazardées* ! Heureusement, les Ecrivains qui ne consultent qu'un amour-propre éclairé, ont la prudence de ne jamais dicter au Public des jugemens qu'il pourroit rejetter ; & lorsqu'ils croient pouvoir *hazarder* le leur, ce n'est jamais sur des ouvrages qu'ils n'ont point examinés, qu'ils ne connoissent même pas.

« *Doctrine Symbolique* [1] *des Nombres*.... Elle est fort obscure ; mais après les efforts de notre Auteur, les résultats, dit-il, seront aussi *satisfaisans* que *lumineux*. Il faut avouer que son *imagination* lui fait apercevoir ce que les plus savans Hommes, *après des recherches profondes*, n'ont pu découvrir. »

Voilà bien des Arrêts entassés en peu de lignes.

Cette Doctrine est *obscure* ou FORT *obscure* en raison de l'application avec laquelle on l'a étudiée, & des raprochemens de faits que l'étude & l'application ont donné lieu de faire. Je n'ignore pas qu'elle est *obscure* pour beaucoup de gens ; je vois bien qu'elle est *fort obscure* ou *très-obscure* pour vous ; & je la crois d'une obscurité impénétrable pour tous ceux qui sont décisifs, quoique superficiels.

Vous avez cru ne pouvoir vous dispenser d'*avouer* que c'est mon *imagination* qui me fait appercevoir les résultats que j'annonce. Ce n'est point là un *aveu*, c'est une *décision*. Quel intérêt, ou quelle mission avez-vous pour faire un *aveu* qui ne seroit décent que dans la bouche d'un homme qui se seroit trompé, qu'on en auroit convaincu, & qui auroit la modestie d'en convenir ? J'*avoue* qu'il est possible que mes résultats ne soient pas aussi *satisfaisans*, aussi *lumineux* que je

(1) Nov. p. 2189.

l'ai espéré ; mais *avouez* aussi que votre décision est tout au moins précipitée, puisque vous ignorez ce que j'ai rassemblé, & ce que j'ai apperçu ou cru appercevoir dans la *Doctrine symbolique des Nombres*.

D'où partez-vous, Monsieur, pour me traiter avec si peu de ménagement? De ce que j'annonce que j'ai *apperçu* ce que les plus savans Hommes, après des recherches profondes, n'ont pu *découvrir?* N'êtes-vous pas effrayé de la singularité de votre dialectique? Les plus savans Hommes n'ont pu découvrir une chose, donc personne ne la découvrira. Ignoreriez-vous qu'en tout genre, l'homme le plus ordinaire peut faire des découvertes qui ont échapé à des hommes supérieurs non-seulement en savoir, mais en pénétration? Ignoreriez-vous que le concours & le raprochement de vues éparses, d'observations ou de découvertes particulières, peut faire naître des idées qu'on n'auroit jamais eues sans ces premieres données? En un mot, ignoreriez-vous qu'il n'y a peut-être pas autant de découvertes qu'on puisse attribuer à des Savans, & sur-tout à des recherches profondes, qu'à ce que nous nommons le *hazard*? Ne savez-vous pas, d'ailleurs, *qu'une vue foible, & que sa foiblesse même rend attentive, apperçoit quelquefois ce qui avoit échapé à une vue étendue & rapide* [1]? Voulez-vous que je renferme dans un seul fait, une réponse tranchante à votre décision contre la possibilité des découvertes qui n'auroient pas encore été faites? Voici ce fait que je crois digne de toute votre attention.

Le savant Evêque d'Avranches, M. HUET, pensoit que « si toute la Nation » des *Indiens & des Chinois* n'est pas descendue des *Egyptiens*, elle l'est du moins » *en la plus grande partie* [2]. Entre tous ces *essaims d'Egyptiens*, qui inon» derent les Indes, les *Chinois*, dit-il, méritent d'être considérés en leur particulier. » On trouve chez eux *des marques bien sensibles de leur origine*, une grande con» formité de *Coutumes* avec celles des Egyptiens, leurs doubles lettres *hiérogly*» *phiques & profanes*, quelqu'affinité même *de leurs langues* . . . Quoique *les* » *Chinois soient sortis d'Egyptiens* en tout ou en partie, avec le reste des In» diens, ils ont pourtant fait depuis long-tems un Peuple séparé ».

Ce n'étoit encore là qu'un germe ; & quoique présenté de bonne main, le tems du dévelopement n'étoit point encore arrivé.

En 1732 & 1736, M. de Mairan, qui connoissoit l'Ouvrage de M. Huet, reprit la même matiere, rassembla différens raports pour établir que les Chinois

---

(1) Considér. sur les mœurs, par M. DUCLOS, ch. 3.

(2) Hist. du Comm. & de la Navig. des Anciens, ch. IX, & X.

sont une Colonie Egyptienne, un *essaim d'Egyptiens.* Le P. Parrenin, à qui il adressoit ses observations, & à qui il demandoit de nouveaux éclaircissemens pour fortifier & pour completter le paralléle de ces deux Peuples, n'étoit pas de son avis [1]. Il y a lieu de croire que de fortes disconvenances peuvent empêcher les Savans de s'accorder sur ce paralléle : car M. de Guignes n'a pas caché au Public, que plus de vingt ans après, c'est-à-dire en 1758, il étoit encore persuadé, comme le P. Parrenin, qu'il n'avoit point *passé à la Chine de Colonies Egyptiennes* ; qu'il ne pouvoit s'imaginer *que les Chinois eussent jamais rien pris des Egyptiens.* Mais le tems de la découverte qui avoit échapé à M. Huet, à M. de Mairan, au P. Parrenin, à M. de Guignes lui-même, aprochoit ; elle n'avoit besoin, pour éclore, que d'une autre découverte digne de la reconnoissance des Savans, & qu'ils doivent à M. l'Abbé Barthelemy.

Les recherches sur les Lettres Phéniciennes parurent. M. de Guignes se proposoit alors de travailler *sur la maniere dont les Lettres Alphabétiques avoient pu être formées.* Il avoit devant lui l'Alphabet des Lettres Phéniciennes. Pour *se délasser*, il s'avise de jetter les yeux sur un Dictionnaire Chinois qui contient la forme des Caractères antiques. C'est dans cet heureux moment de *délassement* que la ressemblance d'*une* seule Figure Chinoise, à *une* seule Lettre Phénicienne, devient pour M. de Guignes la démonstration la plus *satisfaisante* & la plus *lumineuse* d'une foule de vérités. Rien n'est plus intéressant que de l'entendre lui-même faire le récit de ses nombreuses & rapides découvertes.

« Je fus frapé tout-à-coup d'apercevoir *une* Figure (Chinoise) qui ressembloit » à *une* Lettre Phénicienne [2]. Je m'attachai *uniquement* à ce raport : je le » suivis & je fus étonné *de la foule de preuves* qui se présentoient à moi . . . Je fus » alors *convaincu* que les *Caractères*, les *Loix* & la *forme du Gouvernement*, le » *Souverain*, les *Ministres mêmes* qui gouvernoient sous lui, & l'*Empire entier* » étoit Egyptien ; & que *toute* l'ancienne Histoire de la Chine *n'étoit autre chose* » que l'Histoire d'Egypte qu'on a mise à la tête de celle de la Chine . . . Je trouvai encore les Caractères qui ont donné naissance à ceux des Hébreux, des » Arabes, des Syriens, des Ethyopiens & des Phéniciens : c'est-à-dire, *les premiers Caractères du Monde, & une grande partie de la Langue Phénicienne* ».

---

(1) Lettres de M. de Mairan & du P. Parrenin, Paris, Imp. Roy. 1770. Et Recueil des Lettres Edif. Tom. XXIV.

(2) Mém. dans lequel on prouve que les Chinois sont une Colonie Egypt. pag. 36. de l'Avant-Propos.

Je

Je me fais un plaisir de remarquer que des découvertes si promptes, si multipliées, si importantes, furent présentées à l'Académie des Belles-Lettres avec la plus grande modestie. M. de Guignes ne donne son Mémoire qu'afin que cette savante Compagnie *juge* s'il ne s'est point *égaré* : il déclare que ce n'est qu'un *essai* ; qu'il *ne se flatte point de réussir* dans son entreprise ; qu'il a *cru seulement pouvoir la tenter*.

Dans le *Précis* de son Mémoire, qu'il publia au commencement de l'année suivante [1], on retrouve à peu-près la même retenue : cependant, il fut impossible à M. de Guignes de dissimuler plus long-tems qu'il regardoit ses observations comme des preuves, & les conséquences qu'il en tiroit comme des démonstrations : aussi s'expliqua-t-il dans des termes si mesurés, que je vais, Monsieur, les remettre sous vos yeux, de peur d'en diminuer le prix en les abrégeant.

« Qui sait jusqu'où pourra nous conduire la lumière qui nous éclaire ? Qui » sait si nous ne touchons pas au moment où bien des mystères vont se dévelop- » per ? Je n'affirme rien. Cependant *la Langue* des hyéroglyphes, inconnue de- » puis si long-tems en Egypte, est encore *vivante* à la Chine, & j'ai tant de » preuves que c'est de part & d'autre la même Langue...! Mais, je le répete, » je n'affirme rien. Me sera-t-il, du moins, permis de proposer la question » suivante ?

« *Que deviennent les Chinois*, & cette durée immense qu'ils attribuent à leur » Empire, & *toutes* ces divisions en tems historique, incertain & fabuleux, & » *tous* ces Ouvrages qu'on a faits pour établir leur chronologie, & *tous* ceux » qu'on a faits pour la détruire, & *toutes* les preuves qu'on en tire contre » les Livres de Moyse, & *tous* les systêmes qu'on a produits pour défendre le » témoignage de ce Législateur, & cette supériorité en *toutes* choses qu'on ac- » corde aux Chinois, & *tout* ce qu'on a dit, & *tout ce qu'on diroit encore* sur » un sujet si important ? *Tout cela disparoît*, & il ne reste plus qu'un fait simple : » c'est que les anciens Sauvages de la Chine, ainsi que ceux de la Gréce, ont » été policés par les Egyptiens ; mais qu'ils l'ont été plus tard, *parce que* la Chine » est plus éloignée de l'Egypte que la Gréce ».

Je ne pouvois choisir un exemple plus propre à vous convaincre de trois

---

(1) L'impression de ce Précis étoit nécessaire pour que le Public fût promptement instruit des découvertes de M. de Guignes, parce que son Mémoire qu'il lut au mois d'Avril 1758, ne fut imprimé qu'en 1764.

vérités que j'ai avancées : l'une, qu'on peut faire les découvertes les plus inespérées sur des matières dont des Savans se sont fortement occupés : l'opinion contraire ne seroit propre qu'à décourager, & par conséquent à resserrer dans un cercle très-étroit la somme possible des connoissances humaines. L'autre, que les recherches & les vues des différens Savans de tous les siécles & de tous les pays, sont autant d'échelons pour saisir le but vers lequel ils ont marché, sans cependant parvenir à l'atteindre : le travail & l'application augmentent de jour en jour le nombre de ces échelons, & l'on parvient enfin au moment où il ne reste plus qu'un pas à faire. La troisiéme, qu'on doit souvent au *hazard* des découvertes qui se sont dérobées aux Savans & à leurs profondes recherches.

Effaçons des fastes de la Littérature quelques lignes de l'Histoire de la Navigation des Anciens de M. Huet, & quelques pages des Lettres de M. de Mairan, la découverte qu'a fait M. de Guignes sera peut-être retardée d'un siécle. Allons plus loin, conservons aux Savans ce qu'ont écrit M. Huet & M. de Mairan sur les raports entre les Nations Egyptienne & Chinoise ; mais suprimons la découverte de M. l'Abbé Barthelemy, nous retrouverons M. de Guignes au point où il étoit en 1758, c'est-à-dire *persuadé* qu'il n'avoit point *passé de Colonie Egyptienne à la Chine, & ne pouvant s'imaginer que les Chinois eussent jamais rien pris des Egyptiens*.

J'ai trouvé, sans sortir de ma Bibliothéque, beaucoup plus de travail fait sur *la Doctrine Symbolique des Nombres*, que n'en avoit M. de Guignes sur cette Colonie Egyptienne qui a peuplé la Chine dans des siécles si éloignés du nôtre, à une distance si grande de l'Egypte, & par des routes inconnues à tout l'Univers. Pourquoi affirmez-vous qu'en lisant, en méditant les écrits des Savans qui nous ont précédés, en raprochant de leurs observations & de leurs découvertes, ce qui a été observé & découvert depuis, je ferai d'inutiles efforts pour avancer dans la route qu'ils ont ouverte & frayée ? Pourquoi chercher à engourdir, à mon occasion, tous les hommes laborieux, par des arrêts si décourageans ? *Il semble*, pour me servir des expressions d'un grand Seigneur qui a si bien connu & si bien peint les hommes (1), *il semble que vous ayez peur de trouver la vérité* dans l'Ouvrage que j'ai annoncé.

» Nous ne pouvons suivre l'Auteur dans le détail de toutes les explications

Vous renoncez enfin à la méthode facile & prudente de tout mépriser,

(1) Réflexions, Sentences, Maximes, &c. Paris, 1725. p. 7.

(*allégoriques*) dans lesquelles il montre *continuellement* combien il est *peu versé* dans la connoissance des *Langues Orientales*... Nous nous bornerons à *quelques* observations particulieres. »

de tout proscrire sans rien discuter : vous entrez en lice pour prouver au Public combien je suis *peu versé* dans les Langues *Orientales*. Je crois *pouvoir vous suivre* dans cette route. Vous avertissez que mon ignorance se montre *continuellement*; vous n'avez donc eu que l'embarras du choix, dans la multitude d'inepties qui vous ont frappé, & on ne vous soupçonnera pas d'avoir mal choisi par distraction, ou de propos délibéré. Examinons donc ces preuves d'élite qui doivent constater votre supériorité & mon ignorance dans les Langues Orientales.

« En parlant d'Elioun (1), mot Phénicien qui signifie le Dieu suprême, il dit que ce mot a le plus grand raport avec *Ello-him* : il auroit dû dire *Elohim*. Au reste, ces mots n'ont aucun raport entr'eux dans leurs racines ; & l'un & l'autre sont différens noms de la Divinité. »

Vous parlez ici en votre nom. Cependant, Monsieur, vous ne faites que répéter mes expressions. J'ai dit, Elion, *en Phénicien*, *signifie Dieu*, *le Dieu suprême* (2).

Le mot *Elion* a pour racine על qui se lit également *hol*, *el*, *al*, & qui signifie *sur*, en Latin *super* : il répond aux idées *d'élévation*, de *supériorité*.

*On*, est quelquefois une simple terminaison. Lorsque c'est un mot radical, il répond aux idées de *force*, *puissance*, *richesse*, *gloire* : ainsi *Elion* peut être traduit par ces phrases, *la suprême puissance*, *le Dieu suprême*, *Dieu* (†).

Le mot Elohim a pour racine אל, qui se lit également *al* ou *el*, & qui répond aux idées de *supériorité* & de *force*.

Him, est un radical qui signifie *immensité*; il est en même tems l'expression du *superlatif*, comme le mot im-*us* des Latins, qui en effet en dérive, *turpis*, *turpiss-im-us*.

Il y a donc beaucoup plus que de l'inexactitude à dire qu'*Elion* & *Elohim* n'ont aucun *raport* entr'eux *dans leurs racines*, puisque la consonne radicale ל, L, est la même dans les deux mots. Aussi Moyse se sert-il & du

(1) Déc. p. 2577.

(2) Allég. Orient. p. 23.

(†) *Elion*, dit Robertson au sujet des dix noms de Dieu, signifie *Elevé*, *Haut*, *Très-Haut*.

mot *Elion*, & du mot *Elohim*, pour exprimer *le Très-Haut* : d'où vous devez conclure de plus, qu'ils ont *le plus grand raport* du côté du sens.

Enfin, s'il étoit question du simple raport de son, je demanderois avec confiance à quiconque n'est pas sourd, s'il n'en trouve aucun entre *Elion* & *Elohim*. Et si, comme j'ai lieu de le croire, la réponse m'étoit favorable, il me semble que je pourrois assurer que dans leurs *racines*, leur *signification*, leur *son*, ces mots ont *le plus grand raport entr'eux.*

Je n'ai écrit qu'une seule fois *Ello-him*. Par-tout ailleurs, vous avez dû voir dans mon Ouvrage, en caractères courans, majuscules & italiques, *Elohim*. L'équité seule devoit donc vous porter à penser que ce pouvoit être une faute d'impression, & que je n'avois pas besoin de cette grave leçon, *il auroit dû dire Elohim* : mais il ne tenoit qu'à vous d'apercevoir que j'avois écrit *Ello-him* de dessein prémédité, & pour me faire entendre plus aisément.

De quoi s'agissoit-il dans l'endroit où j'ai employé cette orthographe ? De faire sentir que le mot *Elion*, employé par Sanchoniaton, n'est point un nom d'homme; que par conséquent, il falloit traduire ce mot & s'arrêter à sa signification propre, qui est *le Très-Haut.* J'ai dit que Philon, Traducteur de Sanchoniaton, n'ayant point trouvé de mot dans la Langue Grecque pour rendre *Elion*, l'avoit conservé & l'avoit paraphrasé sur le champ par le mot *Hypsistos*, qui signifie aussi *le Très-Haut*; que Moyse avoit désigné le *Très-Haut*, la Divinité, par *Elion*; & qu'enfin ce mot avoit le plus grand raport avec l'*Allah* des Arabes, dont la traduction litterale est le *Très-Haut.* Pour rendre ce dernier raport plus frapant, j'ai redoublé la consonne radicale *L*, & j'ai écrit *Ello-him*, parce que la même consonne est redoublée dans *Allah*, & que ce redoublement de la consonne est la seule différence qu'il y ait entre les deux mots dont il s'agit, de l'aveu même d'un grand nombre de Savans, & sur-tout de GOLIUS dans son Dictionnaire Arabe; qui raportent *Allah* au verbe *Aleh*, ou *Elah*, écrit par un *L* simple, & qui signifie *élever*, *cultiver*, *adorer.* AL, EL, HOL, sont les racines des mots *Elion*, *Elohim*, *Ello-him*, *Allah*, qui renferment tous l'idée d'*élévation*, de *supériorité*, & qui signifient tous *le Très-Haut.* Il étoit donc aisé de sentir pourquoi, en plaçant *Elohim* à côté d'*Allah*, j'avois orthographié *Ello-him*; sur-tout en voyant que j'avois orthographié le même mot sans double *L*, & sans trait d'union, lorsque je n'ai pas eu besoin d'en marquer le raport avec le mot Arabe qui signifie *le Très-Haut.*

Je suplie mes Lecteurs de pardonner à ma position forcée, la sécheresse & l'ennui, inséparables d'une explication que vous leur auriez épargnée, si vous aviez examiné mon Ouvrage avec plus d'attention & moins d'humeur.

» Dans son systême (1) *Elioun* est donc la Divinité, & *Berout*, femme d'*Elion*, n'est autre chose que la *Création*, ou l'acte de créer; ce qui est *assez singulier*, que l'acte par lequel Dieu crée, soit en même tems sa femme. «

Que les opinions des Anciens sur la création ayent été fausses, mal digérées, incohérentes, cela nous est fort étranger; il nous suffit de savoir quelles étoient ces opinions, pour que nous puissions ranger dans la classe des faits, qu'ils avoient telle ou telle opinion.

Dans l'ordre des faits, la *singularité* ne change rien à la réalité. « Chaque » Nation a eu ses *Allégories* (2) & ses Fables sur *l'origine* du Monde, sur la *for-* » *mation* des êtres particuliers... Ces Cosmogonies ne sont venues jusqu'à nous » que sous l'envelope des *Allégories* & des fictions poëtiques, dont l'imagina- » tion enflammée des hommes de ces pays, aime à revêtir les objets les plus » simples. C'est pour cela qu'elle représente *l'action du souverain Etre dans la* » *production de l'Univers*, non comme une *création*, idée philosophique sur » laquelle l'imagination ne peut avoir de prise, mais comme une GÉNÉRA- » TION, c'est-à-dire, comme une chose qui a *quelqu'analogie* avec *cette espece* » *de production*, dont nous sommes tous les jours les témoins. »

D'après cette observation, il est évident que M. Freret n'eût rien trouvé de *singulier* dans la premiere phrase du fragment de Sanchoniaton. Il lui eût paru très-conforme à l'esprit oriental que le mot *Elion* signifiant *Très-Haut*, & le mot *Berouth* signifiant la *Création*, la premiere phrase de l'Allégorie de Saturne portât en termes exprès, *alors vivoit le* TRÈS-HAUT; *sa femme s'apelloit la* CRÉATION, *& d'eux naquirent le Ciel & la Terre.* Tant il est vrai que la *singularité* peut appartenir aux personnes aussi-bien qu'aux choses. Vous pardonnerez à un ignorant de remarquer que le langage ordinaire des Anciens ne devroit pas paroître *singulier* à ceux qui se piquent d'érudition.

» En se laissant entraîner par son imagination, l'Auteur au moins ne devroit pas en imposer sur les textes, ni faire croire qu'il les a sous les yeux. Nous trouvons dans une Note cette remarque à l'occasion du mot *Bara*, ברא, qui signifie créer: « la phrase Phé-

Cette accusation est bien grave. Je serois inconsolable, si je n'étois pas en état de faire voir qu'elle supose tout au moins un défaut d'attention qui, dans un Journaliste, équivaut à la mauvaise foi.

N'ayant aucune mission directe

(1) Déc. p. 2577.

(2) Défens. de la Chron. contre Newton, par Freret, p. 374.

» nicienne, dit-il, a plus de raport » encore à celle où Moyse substi- » tuant au verbe *Bara*, le verbe קנה » *Kané* (Gen. XIV. 19.), dit qu'É- » lioun engendra le Ciel & la Terre. » C'est le mot même dont se sert San- » choniaton. » Comment peut-on le savoir, puisque le texte de Sanchoniaton n'existe plus depuis bien des siécles ? N'est-ce pas en imposer à ceux qui l'ignorent ?

pour examiner mon Ouvrage, vous n'avez pu, sans manquer essentiellement au Public, en faire imprimer de prétendus Extraits, sans l'avoir lû attentivement. Un Journaliste *en imposeroit* à tous les Lecteurs, s'il s'avisoit de rendre compte, d'aprécier, de juger d'après une lecture inattentive, superficielle, dédaigneuse. Il faut donc que je supose que vous avez lû mon Ouvrage avec attention, que vous l'avez lû tout entier, & que vous avez tâché de vous garantir des prestiges qui naîtroient de l'amour-propre, & qui conduiroient si aisément à la plus aveugle partialité.

Vous avez donc lû (page 13 de mes Allégories Orientales) que ce qui nous restoit de Sanchoniaton, se réduisoit à *deux fragmens conservés* par Eusébe ; qu'Eusébe les *emprunta* de la TRADUCTION que Philon *en avoit faite en* GREC ; que malheureusement l'*ORIGINAL Phénicien* & la *Traduction Grecque* N'EXISTENT plus ; mais qu'il est impossible (page 17) de ne pas regarder le Texte *Grec* comme une *Traduction* d'un Ouvrage écrit *originairement* en Phénicien.

Après une exposition si claire, si précise, de la perte absolue de l'*Original* en Phénicien, & de la *Traduction* même, puisque j'avertis qu'il ne nous reste de celle-ci que *deux fragmens* assez courts, *conservés* par Eusébe, est-il croyable que vous ayez osé dire que *j'en impose sur les textes*, & que j'ai cherché à *faire croire* que je les avois *sous les yeux* ? Il étoit plus simple de m'accuser de démence, parce qu'en effet il faudroit être en démence, pour dire qu'un texte *n'existe plus*, & que cependant *on l'a sous les yeux*. Mais voyons ce qui vous a servi de prétexte, pour risquer l'imputation, aussi odieuse que gratuite, que *j'en impose sur les textes*.

Dans le premier verset de la Genèse, Moyse dit que Dieu *créa* le Ciel & la Terre. Le texte Hébreu employe le verbe *Bara*, qui signifie *créer*.

Dans un autre texte de Moyse, où il est dit que Dieu créa le Ciel & la Terre (1), le Texte porte le verbe *Kané*, qui signifie *engendrer*.

(1) Gen. XIV. 19.

Le fragment de Sanchoniaton dit en style allégorique, ce que Moyse énonce comme Historien : on y lit qu'Elion ou le *Très-Haut*, & sa femme Berouth ou *la Création*, *engendrerent* le Ciel & la Terre. Philon, qui a traduit en Grec le texte *Phénicien*, se sert du mot γεννάται, *gennatai*, qui signifie *engendra*, *produisit*.

En rapprochant ces différentes expressions, j'ai pensé & j'ai dit que la phrase de Sanchoniaton avoit plus de raport avec celle où Moyse se sert du verbe KANÉ, *engendrer*, qu'avec celle où il employe le verbe BARA, *créer*. Je l'ai pensé, parce que Philon a traduit le mot Phénicien, que nous n'avons plus, par un mot grec qui signifie *engendrer* ; ainsi je n'ai point douté que Sanchoniaton n'eût employé dans le texte original le verbe *Kané*, parce qu'il n'y a point de mot qui corresponde mieux au mot primitif des Grecs *ganein*, dont la signification est *engendrer*. Elion *engendra* le Ciel & la Terre : *c'est le mot même*, ai-je dit, *dont se sert Sanchoniaton*. En effet, le mot *engendrer* est celui dont s'est servi son Traducteur, & le mot *Kané* étoit l'expression la plus propre que pût employer Sanchoniaton, parce qu'elle correspondoit parfaitement à la maniere dont les Anciens considéroient la formation du Monde. Ils la regardoient comme une *génération*.

C'est donc pour avoir jugé, d'après le sens du mot *engendrer* employé par Philon, que le texte Phénicien avoit *plus de raport* avec un texte de Moyse, où il se sert aussi du mot *engendrer*, qu'avec un autre texte où il se sert du mot *créer*, que vous vous êtes écrié ; *comment peut-on le savoir, puisque le texte de Sanchoniaton n'existe plus depuis bien des siecles ? N'est-ce pas* **EN IMPOSER** *à ceux qui l'ignorent ?* Faut-il donc, pour vous ouvrir les yeux, vous faire remarquer que ceux qui auroient ignoré avant que de lire mon Ouvrage, que le Texte original n'existe plus, l'auroient appris fort en détail dans mon Ouvrage même, quelques pages avant l'article que vous avez attaqué avec tant d'injustice & tant d'emportement ? Si je ne me suis pas assez clairement expliqué dans une Note qui n'est que de trois lignes, pouviez-vous vous dispenser de donner au moins un coup-d'œil sur ce qui vous en eût dévelopé le sens ? Il ne falloit pour cela ni esprit ni érudition ; l'homme le plus médiocre, mais bien intentionné, n'auroit eu besoin que d'un peu d'attention pour me bien entendre. Pour vous, Monsieur, vous avez préféré au devoir d'être attentif, le plaisir de m'outrager.

» Les explications qu'il donne (1) Cette maniere de me censurer,

(1) Léc. p. 2575.

» de quelques phrases hébraïques, sont si contraires à l'analogie de la Langue, que *le plus médiocre Hébraïsant* en seroit *choqué*. Où M. Gebelin a-t-il pris que מִי, *Mi*, signifioit *de ?* Aucune Grammaire ni aucun Dictionnaire ne lui en fourniroient d'exemple. «

toute dure qu'elle est, n'aprend rien ni à vos Lecteurs ni à moi. Ainsi rien ne dédommage de votre ton. Si vous aviez dit que *Mi* en Hébreu n'a aucune signification, ou qu'il signifie autre chose que *de*; si vous aviez apuyé cette décision de quelques exemples bien ou mal ajustés au dessein de me placer au-dessous *des plus médiocres* Hébraïsans ; le Public vous auroit su gré de l'avoir éclairé sur mon ignorance, & je vous aurois su gré moi-même, ou de m'avoir instruit, ou de m'avoir fourni l'occasion de justifier ce que j'ai avancé. Mais la crainte de vous compromettre, marche toujours de front avec le plaisir de prononcer des décisions *choquantes*.

Si j'étois d'un caractère à suivre un si mauvais exemple, je bornerois ma réponse à une seule phrase : *Où avez-vous pris*, vous dirois-je, *que* MI *ne signifie pas* DE *?* Combien de gens seroient hors d'état de se décider entre votre question & la mienne ? Mais si je suis dans l'ignorance, je ne cherche point à la masquer. Je pense qu'il y a moins à perdre à se compromettre par défaut de savoir, que par défaut de candeur. Je vais donc m'expliquer. Et comme tous les Lecteurs ne sont pas des *Hébraïsans* supérieurs comme vous, ni même au-dessous de la médiocrité comme moi, je commencerai par puiser dans notre propre Langue les moyens d'évaluer & votre question, & les réponses que je tirerai ensuite du peu que je sais comme *Hébraïsant*.

Suposons que, pour expliquer une phrase de notre Langue, on fût dans la nécessité d'en décomposer certains mots & de les rapeller à leurs élémens ; suposons encore qu'en les décomposant, quelqu'un dît que le mot *in* est équivoque en François ; que c'est une *préposition* souvent *négative* ; mais qu'elle répond quelquefois à notre préposition *dans* ; un Journaliste, tant soit peu instruit du systême général de la formation des Langues, diroit-il à celui qui auroit donné cette explication, *où avez-vous pris que* IN *est un mot négatif, ou qu'il signifie* DANS *? Aucune Grammaire, aucun Dictionnaire ne vous en fourniroient d'exemples.* Si cependant, cette savante & lumineuse question étoit proposée, croyez-vous, Monsieur, que ce que vous allez lire ne fût pas une réponse suffisante ?

*In*, est une préposition *Latine* qui s'est conservée dans des phrases *prises du Latin*, & qui ont passé sans altération dans notre Langue, comme *in pace*, *in-folio.*

*folio.* C'eſt ce que vous trouverez *ſans peine* dans le Dictionnaire de l'Académie Françoiſe. Mais, *in* n'eſt point un mot François. On le chercheroit inutilement comme tel dans nos Grammaires & dans nos Dictionnaires. C'eſt une *prépoſition* qui entre dans la formation de pluſieurs mots. Elle eſt *négative* dans ceux-ci, *in-faillible*, *in-ſuportable*, *in-juſte*, *in-décent*, *in-civil*, *in-capable*. Elle ſignifie DANS lorſqu'elle ſe compoſe avec les mots ſuivans, *in-vaſion*, *in-cident*, *in-cruſtation*, *in-hérence*, *in-jection*, *in-fuſion*. Enfin, on peut regarder la même prépoſition comme équivoque dans les mots *indication*, *indemnité*, *inanition*, *incinération*, *inauguration*.

Nous avons auſſi notre prépoſition *di* ou *dis*, qui n'eſt point un mot de notre Langue, mais qui prend des ſens différens en ſe compoſant avec d'autres mots, comme *diſ-convenance*, *diſ-proportion*, *diſ-famation*, *di-minution*, *&c.*

J'ai, à très-peu de choſe près, la même réponſe à vous faire, ſur la queſtion que vous faites naître au ſujet du mot Hébreu *mi*. Je ne vous ai fait attendre cette réponſe que pour en épargner la lecture à ceux qui s'occupent moins de l'Hébreu que vous & moi, & à qui cette diſcuſſion paroîtroit ſéche & déſagréable. Il eſt juſte de les avertir qu'ils peuvent s'en épargner le dégoût & l'ennui.

Mi eſt dans la Langue Hébraïque, une de ces prépoſitions que les Grammairiens nomment *inſéparables*, & qui ſont toujours placées à la tête d'un mot. Dans ma citation, je l'ai détaché du mot *Kol*, qui ſignifie *tout*, parce que je n'avois pas beſoin de ce dernier mot pour la comparaiſon que je voulois faire.

J'ai dit, מי מלאכתו, *mi melakth-ou*, au lieu de dire, מי-כל מלאכתו, *mi-Kkol melakth-ou.*

En cela, j'ai agi comme quelqu'un qui ayant à citer cette phraſe Italienne, *è venuto alla cità di Roma*, ſe borneroit à dire *è venuto a Roma*, en détachant *a* de *la*, & omettant *cità*, dont il n'auroit pas beſoin pour remplir l'objet de ſa citation.

Il eſt vrai que j'aurois pu lier le mot *mi* avec celui qui le ſuit, & écrire *mi-melakht*, au lieu de *mi melakth*. Mais alors j'aurois altéré le texte. On auroit ſupoſé que je n'aurois rien omis entre *mi* & *melakth*, au lieu que j'omettois *kol*, qui eût donné *mikkol melakth*.

Vous ne deviez donc pas demander où j'avois pris que *mi* ſignifioit *de*, puiſque c'eſt évidemment ſa vraie ſignification dans la phraſe que j'ai citée, & en l'isolant comme je l'ai fait (†). Tout ce que l'envie de me convaincre d'ignorance pouvoit vous permettre dans cette occasion, c'étoit de vous plaindre, ou de ce que j'avois isolé un mot toujours placé à la tête d'un autre & qui doit y être uni, ou de ce qu'en le détachant je n'en avois pas fait le mot *min*, selon la prétention des Massoréthes, qui disent qu'à la tête des mots, *mi* est toujours employé pour *min*. Mais alors je serois retombé, par un autre côté, dans l'inconvénient d'altérer le texte qui porte *mi* & qui ne porte pas *min*. D'ailleurs, j'aurois commis une faute qui auroit *choqué* les doctes *Hébraïsans* : car il est très-certain, quoi qu'en disent les Massoréthes, que *mi* n'est jamais pris pour *min*, & que *mi* est un mot distinct. Toutes les fois que ce mot *mi* est à la tête d'un mot qui commence par une consonne, comme *k* ou *l*, *mi* reste tel qu'il est ; tout son effet est de faire redoubler la consonne du mot auquel il est joint, *mi-k-kol* au lieu de *mi-kol*, *mi-l-lehem* au lieu de *mi-lehem*. Lorsqu'au contraire *mi* se trouve à la tête d'un mot qui commence par une voyelle, ou, comme disent les Massoréthes, *par une gutturale*, *mi* est employé seul & sans aucune addition au mot auquel il est joint, *mi-az*, *mi-ejoth*, *mi-houtz*. Cependant, s'il étoit vrai que *mi* fût toujours employé pour *min*, ce seroit le cas de dire, pour éviter le concours des voyelles, *min-az*, *min-ejoth*, *min-houtz*. Le redoublement de la consonne dans *mi-k-kol* n'est donc point un remplacement de la lettre *n* du prétendu mot *min*, comme dans *col-loquor*, *cor-rodo*, où la premiere *l* est le remplacement de la lettre *m* de *cum-loquor*, *cum-rodo* ; car la lettre *m* de *cum* est conservée dans les mots latins qui commencent par une voyelle, *com-es*, compagnon ; *com-edere*, manger ; au lieu que la lettre *n* de *min* ne se trouve jamais au devant des mots qui commencent par une voyelle ; on dit *mi-az*, & jamais *min-az*.

L'usage de la Langue Hébraïque de redoubler les consonnes des mots lorsqu'ils commencent par une consonne, & qu'ils sont unis au mot *mi*, n'exige donc nullement la supposition gratuite que *mi* est employé pour *min*, puisque

(†) Voyez la nouv. Méth. Hébr. par Jac. Collombat, 1708. p. 31. » מ Le *mem* se » met à la tête d'un mot au lieu de מן *min*. . . Il signifie *a*, DE, *par*, *devant*, *à cause* » *hors*. . . «

Voyez Lexic. Hebræo-Latinum à Joh. Leusden. Ultraject. 1687. p. 397. משאה מי & *devastatione*.

Je ne crois pas devoir multiplier ici les exemples ; les gens instruits n'en auront pas besoin.

ce mot ne reparoît pas avec la lettre *n* au devant des mots qui commencent par une voyelle. Cet usage, considéré sous ce point de vue, est très-naturel & conforme au génie de toutes les Langues. Au lieu que la manière dont le présentent les Massoréthes, en fait un usage particulier à la Langue Hébraïque, usage dont on ne voit point la raison, & assujetti à des irrégularités dont il est encore moins possible de rendre raison.

J'avoue que les Massoréthes ne pouvoient faire mieux dans leur siécle, tems où l'on ignoroit absolument qu'une Langue quelconque fût assujettie à des loix claires & fixes : mais il seroit bien étrange que, sous prétexte qu'ils ne pouvoient pas mieux faire alors, on prétendît nous asservir, dans un siécle aussi éclairé que le nôtre, à adopter aveuglément ce cahos de régles & d'exceptions qui ne serviroient qu'à embrouiller ce que nous voyons clairement.

Ainsi, au lieu de dire avec les Massoréthes & avec les Buxtorffs (1) que MI est une préposition inséparable qui a pris la place de *min*, & que par cette raison la consonne suivante se redouble ; au lieu d'ajouter ensuite (2) comme une exception à cette régle, que devant les voyelles on le prononce simplement *mi* ; enfin, au lieu d'ajouter encore (3) qu'alors il devient quelquefois *me* ; disons simplement que *mi* est une préposition qui fait redoubler la consonne au devant de laquelle il est placé. On aura une régle simple, claire, conforme à l'analogie des Langues, & qui ne donnera lieu à aucune exception.

Ces détails, & la Note que j'y ai jointe, vous convaincront, je l'espère, que le mot *mi* se trouve dans les Dictionnaires & dans les Grammaires, qu'il signifie, entr'autres choses, *de*, & que je savois ce que je faisois en le traduisant & en le plaçant comme je l'ai fait.

Ce que je viens de vous dire au sujet des mots *Elion* & *mi*, doit, ce me semble, me dispenser d'entrer dans des détails de cette espéce sur quelques autres articles. Je n'ai pas oublié que pour avoir dit que *Mythologie* vouloit dire *Discours sacré* ou *respectable*, vous vous êtes écrié (4), *où M. Gebelin a-t-il pris cette explication du mot* MYTHOLOGIE ? Je l'ai *prise*, Monsieur, où tout le monde prend que *Bible*, mot qui signifie littéralement Livre, ne veut jamais dire autre chose que *Livre sacré* ou *respectable*, *le Livre par excellence*. Je n'ai

(1) Trés. Grammat. de la Langue Hébr. p. 538.

(2) *Ib.* p. 549.

(3) *Ib.* p. 551.

(4) Nov. p. 2186.

pas non plus oublié que vous vous êtes écrié, *dans quel Auteur* (1) *M. Gebelin a-t-il pris de pareilles observations sur la racine* POT *? Où existe-t-elle ?* Je ne les ai prises dans aucun Auteur. Ceux qui écrivent & qui se bornent à copier ce qu'ils trouvent dans les *Auteurs*, ne font que des plagiats, ou ne publient que d'inutiles centons. J'ai pris mes observations sur la racine POT, dans une source où vous n'aimez pas qu'on aille puiser, c'est-à-dire dans un grand nombre de Langues mortes & de Langues vivantes de l'Orient, du Nord & de l'Occident. J'y ai remarqué que ce monosyllabe entroit, comme base, dans la formation d'une foule de mots; qu'il en étoit manifestement la racine, puisqu'il conservoit par-tout le même sens, au propre & au figuré; que dans les mots plus éloignés du sens immédiat, celui-ci n'exigeoit qu'un peu d'attention, pour y être ramené par les régles communes de l'Analogie. Etoit-il nécessaire, pour que ces remarques fussent justes, que *des Auteurs* les eussent faites avant moi ? Enfin, je n'ai pas oublié qu'ayant expliqué pourquoi *Biblos* signifioit dans Sanchoniaton *le Séjour de la lumière*, vous avez imaginé que *j'aurois de la peine à produire des preuves* (2) *de cette explication*, & qu'ayant donné un sens qui vous étoit inconnu, aux mots *Il*, *Bethyl*, *Dagon*, *Atlas*, vous vous en êtes vengé en disant (3), *une telle explication n'est qu'une pure chimère, démentie par l'analyse de la Langue Hébraïque.* Mais je ne m'engagerai point dans les petits défilés où s'éternisent ces petits combats qu'on nomme la petite guerre. L'homme le moins savant auroit le même droit & la même facilité que vous pour entasser questions sur questions, décisions sur décisions contre mon ouvrage. Des réponses instructives me prendroient beaucoup de tems : *j'aime beaucoup mieux*, pour me servir encore des expressions de M. de Guignes, *m'aprocher de mon but, que de m'arrêter ainsi dans la route.* Je vous proteste que votre opinion *personnelle* sur ma profonde ignorance, ne m'inquiéte nullement sur le sort de mon entreprise ; mais si quelqu'un, sans esprit de *dénigrement*, me propose quelque doute ou quelque difficulté, je suis prêt à entrer en explication avec lui, ou à convenir que je me suis trompé. Les contradictions de cette espéce n'exciteront en moi que des mouvemens de reconnoissance.

» M. Gebelin apuie son systême (4) J'ai des reproches de plus d'une

(1) Décemb. p. 2582.

(2) Décemb. p. 2580.

(3) *Ib.* p. 2581.

(4) Dec. p. 2589.

» sur une foule d'étymologies, dont *quelques-unes* sont *vraies*, mais *mal apliquées*; d'autres n'ont qu'une *certaine* vraisemblance, & *le plus grand nombre* sont *fausses* ou *ridicules.* »

espéce à vous faire sur cette décision magistrale.

1°. Dans les parties de vos Extraits, où vous ne faites qu'indiquer les objets dont je m'occupe, vous me désignez par le mot *Auteur.* Nous ne pouvons suivre l'*Auteur*... il seroit à désirer que l'*Auteur*... &c. Mais quand il convient à vos vues d'employer contre moi un ton d'aigreur & de supériorité, il entre dans votre bienséance d'employer mon nom dans vos phrases. *Où M. Gebelin a-t-il pris cette explication du mot Mythologie?... Où M. Gebelin a-t-il pris que* מי, MI, *signifioit* DE? .. *Dans quel Auteur M. Gebelin a-t-il pris de pareilles observations?.... &c.* D'après ce systême de conduite, j'avoue que, pour être conséquent, vous ne pouviez vous dispenser de me nommer dans une occasion où vous aspiriez à persuader que dans ce que j'ai donné sur les Allégories de Saturne, de Mercure & d'Hercule, il n'y a ni jugement ni justesse, & que le *ridicule* accompagne presque par-tout mon ignorance en fait d'étymologies.

2°. Il y a beaucoup plus que de l'inexactitude à dire au Public que j'*apuie* mon systême *sur une foule d'étymologies.* Le mot *Etymologie* seroit-il pour vous le synonyme de *Traduction?* Pourquoi recourrois-je aux Etymologies dans ces occasions si fréquentes, où il me suffit, pour rendre à une Allégorie le sens clair qu'elle eut primitivement, de la débarrasser de la fausse idée que des noms de choses, sont des noms d'hommes? Que me faut-il de plus, que d'avertir par une simple traduction de ces prétendus noms d'hommes (†), qu'on lit une *description* au lieu qu'on s'imaginoit lire une *histoire?*

3°. Le principal devoir d'un Journaliste est de faire une espéce d'Analyse ou d'Extrait, dans lequel il a soin d'expliquer le genre & l'étendue de la matière; de spécifier l'ordre & la méthode de l'Ouvrage; d'indiquer les nouveautés & les singularités des différentes parties; & lorsqu'il s'agit d'Ouvrages de Littérature, de faire sentir le goût & le style de chaque Ecrivain. Il doit, en travaillant, étouffer toute passion & toute partialité; se dépouiller de son propre intérêt &

(†) ELION, en Grec *hypsistos*, *le Très-Haut.* *Berouth*, création. *Uranus*, le Ciel. *Ghé*, la Terre. *Thémis*, la Justice. *Thétis*, la nourricière. *Latone*, la cachée. *Eimarmené*, la Fortune. *Hora*, la beauté. *Perée*, fertilité. *Muth*, mort. *Bethyl*, vierge. *Dagon*, froment. *Cabires*, forts, puissans, en Latin *Magnates*, &c. &c.

de son propre goût ; montrer en tout de la fidélité, de la droiture, de la bonne foi, vertus nécessaires à tout homme d'honneur, *& doublement nécessaires à* TOUT JOURNALISTE (1).

On a mis en question, si un Journal ne devoit pas contenir *quelque manière de jugement*, *quelque sorte de jugemens*. La raison de douter étoit que dans les éloges, dans les critiques, dans les jugemens, il seroit difficile d'éviter certain air d'autorité *qui ne sied jamais aux Particuliers*, ou certaine aparence de *présomption* qui révolte *toujours* l'orgueil *commun* ; que les Gens de Lettres ne passeroient pas le seul nom de *Tribunal* où l'on *s'arrogeroit* une Jurisdiction *souveraine* sur ce que leur République a de plus précieux, leur renommée & leur amour-propre, parce qu'à leur égard *le Public est le seul Juge souverain*.

Cette question, si c'en est une, porte avec soi la réponse dans ces expressions, *quelque maniere de jugement*, *quelque sorte de jugemens*. Quel est le Savant, quel est l'Homme de Lettres à qui il soit interdit de dire ce qu'il pense d'un Ouvrage qui paroît ? Et que seroit-ce qu'un Journaliste qui ne mériteroit pas le titre de Savant ou d'Homme de Lettres ? Mais en disant *ce qu'il pense* d'un Ouvrage, il ne publie proprement que son *opinion personnelle*. Il y auroit un orgueil insuportable à la proposer au Public comme un *jugement*. Cette *manière de jugement*, qui consiste à dire son opinion, seroit même un attentat aux droits du Public, si elle n'étoit pas accompagnée de circonspection & de modestie. La manière la plus décente & la plus utile de remplir ce devoir, est sans doute de rapeller au Lecteur, en faisant un Extrait, les principes semblables ou contraires, établis dans des Traités faits antérieurement sur la même matière ; les discussions auxquelles la diversité des principes a donné lieu, & enfin l'opinion qui paroît avoir été la plus généralement adoptée sur les questions qui sont restées indécises. Il résulte de ce travail, lorsqu'il est fait par un Journaliste capable & impartial, qu'on a sous les yeux son avis, sa façon de penser, une *manière de jugement*, ou plutôt l'instruction préliminaire du jugement que doivent porter les Lecteurs. Alors la fonction du Journaliste n'est pas bornée à faire de *vagues Sommaires de Chapitres*, des espéces de *Tables froides & séches* ; & le droit acquis au Public d'être le Juge des Ouvrages qui lui sont livrés, n'est pas orgueilleusement usurpé par un seul homme.

Tout Journaliste qui, par quelque motif que ce soit, croit devoir franchir ces limites, qui entreprend de contredire & de juger de son chef, qui ne raporte

(1) Voyez le Journ. des Sav. du 9 Août 1706. p. 485. & suiv.

d'un Ouvrage que ce qui peut se prêter à ses contradictions, à son jugement; un tel Journaliste, dis-je, ne mérite plus la foi & les égards qui ne sont dûs qu'à l'impartialité. Ce n'est plus un Raporteur; c'est un Adversaire. Devenu Écrivain Polémique, il contracte envers le Public & envers l'Auteur qu'il attaque, l'obligation de justifier par des autorités & par des raisonnemens, le rôle étranger qu'il a volontairement préféré. Le Public n'eût jugé que l'Ouvrage; il faut le mettre en état de juger à la fois & l'Ouvrage & le Censeur généreux ou imprudent, qui s'est dévoué pour la gloire & l'utilité des Lettres, ou qui a abusé de sa fonction propre pour servir ses passions ou ses opinions.

D'après ces principes, que je crois fondés sur la raison & sur la bienséance, il ne sera pas difficile de tracer la conduite que vous deviez tenir.

Vous deviez indiquer quelques-unes des étymologies que vous reconnoissez pour *vraies*, & dire en quoi vous les jugez mal apliquées; marquer celles qui, selon vous, n'ont qu'une *certaine vraisemblance*; & expliquer ce que vous entendez par ces mots vagues, *une certaine vraisemblance*: donner des exemples de celles que vous imaginez être *fausses*, & dire pourquoi elles vous ont paru telles. Enfin, puisque vous n'avez pu résister au plaisir de publier qu'il y en avoit de *ridicules*, vous deviez tâcher de faire excuser, par des motifs quelconques, une épithète dont le moindre défaut seroit d'être superflue, & de déceler quelque passion secrette. En effet, Monsieur, si des étymologies étoient absolument fausses, croyez-vous que les Lecteurs que vous en auriez bien convaincus, eussent quelqu'intérêt à savoir de plus qu'elles sont *ridicules*? La preuve que vous donneriez, que *le plus grand nombre* des étymologies sont *fausses*, jetteroit l'Ouvrage dans un juste décri. La preuve qu'elles sont ridicules se réduiroit au dénigrement de l'Auteur, & je ne puis me persuader que vous ayez le plus léger droit de vous ériger en Censeur public des personnes. Des Gens de Lettres, qui s'y connoissent bien, ont fait imprimer en 1765, qu'*un Journaliste plaisant, est un plaisant Journaliste.* A quoi ils ajoutent, *qu'il laisse là le ton satyrique qui décèle* TOUJOURS *la* PARTIALITÉ! . . . *Qu'il sache remarquer les fautes, mais qu'il ne dissimule point les belles choses qui les rachètent*. . . . *Qu'il ne prenne point la chicane de l'Art pour le fonds de l'Art*. . . . *Qu'il loue sans fadeur; qu'il reprenne sans offense.*

Permettez, Monsieur, que je revienne à la charge sur le devoir indispensable de rendre raison de vos opinions, au moment où vous avez dépouillé le caractère de Journaliste pour jouer le rôle de Juge. La seule excuse que vous puissiez apporter, est que vous avez cru devoir instruire le Public & le garantir du danger de suposer quelque solidité à mon travail. Mais comment avez-vous pu vous flatter d'*instruire* par des décisions sèchement despotiques ? Le Public verra-t-il nettement, en lisant six lignes au plus dans votre Extrait, qu'il me seroit facile de prouver, 1°. que celles de mes étymologies que vous avouez être *vraies*, sont en même tems bien apliquées ; 2°. qu'avec un peu de savoir, un bon esprit & de l'impartialité, on reconnoîtroit la vérité dans celles où vous n'avez entrevu qu'une *certaine vraisemblance* ; 3°. que s'il m'est échapé quelques étymologies *fausses*, elles ne forment pas *le plus grand nombre* ; que par conséquent, les racines, le tronc, la tête de l'arbre que vous voudriez anéantir, subsisteroient en entier, quand même il faudroit en élaguer quelques branches surabondantes ; 4°. qu'il n'y en a aucune qui soit *ridicule* en elle-même, ni qui puisse l'être dans un Ouvrage de la nature du mien ; qu'elles ne vous ont paru *ridicules* que lorsqu'elles ont porté sur des mots d'un style familier ou populaire, ou peut-être lorsque vous n'en avez pas trouvé le son harmonieux ? Je sais qu'à des esprits d'un certain ordre, les mots de cette espéce peuvent paroître *ridicules* ; c'est peut-être dans ce dessein, que vous avez cité, sans cependant les qualifier, les mots *Damoisel* ou *Damoiseau*, *Bedeau*, *Matamore*, *Pot*, *Marché*, *Marqueur*. J'avoue que je ne puis penser que cette vraie ou fausse délicatesse d'oreille doive être comptée pour quelque chose dans un Ouvrage fondamental sur l'origine des Langues, sur les raports qu'elles ont entr'elles, sur les mots radicaux qui les ramenent toutes à la Langue Primitive. Le plus grand & le plus méprisable des *ridicules* seroit peut-être de sacrifier le fonds des choses par égard pour une sensibilité si puérile.

» L'enthousiasme, l'imagination, l'esprit de systême (1), font *sans cesse* égarer l'Auteur... Il ne voit, comme nous l'avons dit, que l'*Agriculture* dans la Mythologie; d'autres, dans ces derniers tems, n'y ont vu que le *grand-œuvre*... Ce sont des écarts de l'esprit humain, qui occupent *un moment* le Lecteur ; mais qui sont bientôt abandonnés, *pour tomber dans l'oubli.* »

Je ne répondrai point à cet amas d'injures : je vous rapellerai seulement que dans vos Extraits, tout infidéles qu'ils sont ; vous avez été forcé d'avouer que ; l'*Agriculture* n'est pas le seul objet que j'ai vu dans la Mythologie. Je vous ai fait remarquer de plus qu'il n'a tenu qu'à vous de voir dans mes explications, le *Commerce maritime* dans l'histoire des *Dioscures*; l'*Astronomie* dans celle de *Mercure* ; & par l'idée que je donne des fables de Poseidon, de Bacchus, de Minerve, d'Esculape,

(1) Déc. p. 2590.

d'Esculape, &c. vous vous seriez convaincu que j'y voyois l'histoire de la *Pêche*, de la *Vendange*, des *Fabriques* & des *Manufactures*, de la *Médecine*, de la *Chasse*, &c.

Je vous ai dit aussi ce que je pense & ce que penseront tous les gens sensés & honnêtes, du raport exact que vous trouvez entre une foule d'Ecrivains aussi respectables par leur sagesse que par leur savoir, & quelques *Visionnaires* à qui les Ouvrages d'Homère n'ont paru qu'*un corps de doctrine*, & *une suite de procédés chymiques*. Je ne puis m'empêcher d'ajouter qu'il faut que l'assimilation de Philosophes éclairés, aux *Visionnaires* entêtés du *grand-œuvre*, vous ait paru bien juste, bien agréable, puisque vous y revenez avec tant de complaisance.

A l'égard de l'horoscope que vous faites de mon Ouvrage, on peut, ce me semble, regarder comme une imprudence astrologique, l'assurance que vous donnez au Public que c'est un de ces *écarts* de l'esprit humain, *qui sont bientôt abandonnés pour tomber dans l'oubli*. Il se trouve de tems en tems, pour tous les genres de Littérature, des Astrologues qui réduisant la sphère du Public à la leur, débitent avec confiance des prédictions de l'espéce de la vôtre. *Ne dites point, avec l'Abbé de Saint-Pierre, que dans cinquante ans on ne jouera plus les Pièces de Racine* (1). C'est à un Journaliste qui demandoit des régles de conduite, qu'un homme très-supérieur a donné ce conseil. Il est suivi de beaucoup d'autres dont vous croirez peut-être devoir profiter.

« *Sur-tout*, en exposant des opinions, en les apuyant, en les combattant, » *évitez les paroles injurieuses* qui irritent un Auteur, & souvent toute une » Nation, *sans éclairer personne*.....

» Vous vous garderez bien sans doute de suivre l'exemple de quelques Écri- » vains Périodiques, *qui cherchent à rabaisser* tous leurs *Contemporains*, & à » *décourager* les Arts dont *un* BON-*Journaliste doit être le soutien*.....

» *Prouvez solidement* ce que *vous en pensez* (d'un Ouvrage), & *laissez au* » *Public* le soin de prononcer l'*Arrêt*. Soyez *sûr* que *l'Arrêt sera contre vous* » toutes les fois que vous *déciderez sans preuves*, quand même vous auriez rai- » son ; car *ce n'est pas votre jugement qu'on demande*, mais le raport d'un pro- » cès *que le Public doit juger*. »

Ces préceptes sont si sages, que je n'aurois pu mieux faire que de m'y conformer dans cette Lettre, quoique je ne sois point Journaliste. Si, contre mon

(1) Œuvr. de M. de Volt.

intention, je m'en suis écarté, j'espère qu'on me croira digne de quelqu'indulgence. Je n'ai jamais eu de démêlés littéraires avec personne ; ainsi quoique j'ignore votre nom, je puis assurer que je n'en ai jamais eu avec vous. Vous êtes l'aggresseur, & je n'exagérerai rien en disant que vous êtes un aggresseur bien amer. Vous vous êtes arrogé le droit de prononcer contre moi le ban de l'*Ostracisme*, moi qui n'ai jamais troublé la République des Lettres, & qui suis bien éloigné de croire que mes Ouvrages puissent exciter l'ambition ou la jalousie de qui que ce soit. Aucun Citoyen, *Hyberbolus* même, a-t-il jamais été banni de la République d'Athènes, au gré des passions d'un seul Citoyen (1) ? N'étoit-ce pas un devoir étroit que d'attendre avec respect le jugement du Public ?

La sensibilité d'un homme qui cultive les Lettres sans ostentation, sans ambition, sans Prôneurs, peut être portée trop loin, lorsqu'il se voit déchiré avec acharnement au premier effort qu'il fait pour se rendre utile. *Il faut avoir raison & demi quand on attaque*, disoit M. de Mairan pour justifier la vivacité qu'il témoignoit contre un Geomètre célèbre qui l'avoit attaqué. C'est un premier feu que la Nature allume, qu'elle excite, & que la raison ou le mépris n'éteignent que par dégrés.

A présent, Monsieur, que la fureur d'attaquer & le droit de se défendre ont occupé la scène, j'ose me flatter qu'elle n'offrira de votre part & de la mienne que des spectacles plus utiles. Bornez-vous à relever les méprises qui m'échaperont, à m'éclairer sur mes erreurs ; je ne combattrai que pour la vérité, jamais pour la victoire, & je publierai mes défaites avec joie, avec reconnoissance.

Je suis, &c. *Paris*, 15 Juin 1774.



(1) Plutarque, Vie d'Alcibiade.

## LETTRE *à Messieurs les Auteurs du Journal des Savans, sur un Projet d'Edition du Syncelle.*

MESSIEURS,

CEUX qui s'appliquent à connoître les sources de la Chronologie ancienne, ne tardent point à éprouver de quelle importance est pour leurs études la Chronographie de George le Syncelle : ouvrage d'un bas siècle, il est vrai, mais dans lequel un bon nombre de monumens de la meilleure antiquité nous ont été conservés par extraits. Le prix en seroit encore plus grand, si l'Auteur avoit eu le tems de le revoir & de le polir, ou du moins si, dans sa rudesse originale, nous l'avions aussi pur & aussi correct qu'il est possible. Mais le texte actuel est bien éloigné de cet état de perfection. Le célèbre Scaliger en a donné une première Edition, si l'on peut appeller ainsi la manière dont il l'a dépecé dans son Eusèbe (1). Les fautes multipliées qui la déparent ont été relevées en partie par le P. Goar, second & dernier Editeur (2), qui de son côté n'en a guère commis un moindre nombre ; & cette particularité, dont la conséquence est infinie, a été jusqu'ici soupçonnée tout au plus par quelques Critiques.

Quand Scaliger & le P. Goar auroient été aussi exacts qu'ils sont fautifs, tout ne seroit pas fait. Ils ont travaillé l'un & l'autre d'après un seul MS. du Syncelle entier (3), que la Bibliothèque du Roi possède depuis le règne de Henri IV : trente-six ans après l'Edition du P. Goar, ce précieux dépôt fut enrichi d'un second (4), sorti du sérail de Constantinople. Celui-ci est aussi un MS. du Syncelle entier, mais il n'est pas complet : il y manque ce qui répond environ aux cinquante premières & aux cinquante dernières pages de l'imprimé, c'est-à-dire, à-peu-près le quart du total ; heureusement les trois quarts qui subsistent sont la partie la plus difficile & la plus intéressante. Ce MS. qui est du onzième siècle comme le précédent, mais d'une meilleure écriture, abonde en leçons diverses, ordinairement préférables, qu'envain la critique chercheroit à découvrir par ses propres forces. L'Europe sçavante ne connoît point jusqu'à présent d'autre MS. du Syncelle entier. Il s'en trouve, il est vrai, plusieurs autres,

(1) Eus. Chron. Gr. & Lat. in Thes. Temp. Lug. Bat. 1606. fol.

(2) Syncel. & Niceph. Paris. è typ. reg. 1652. fol.

(3) MS. Gr. reg. 1711, auteà 2217. anteriùs 713.

(4) MS. Gr. reg. 1764, auteà 3058. 2.

connus même dès le tems de Scaliger & du P. Goar, mais qui annoncent & contiennent seulement le dernier quart (1), partie beaucoup moins utile & moins chronologique que ce qui précède.

Les deux MSS. du Roi ont été collationnés par Dom Pouget, laborieux Bénédictin, mort en 1709; le premier, pour le Syncelle & pour la petite chronique du Patriarche Nicéphore jointe au Syncelle : le second, pour le Syncelle seulement qui est tout ce qu'il contient. Dom Montfaucon dans sa Bibliothèque des Bibliothèques de MSS. (2) publiée en 1739, parle de la collation de son confrère, conservée alors à la Bibliothèque de Saint Germain-des-Prés. Mais il oublie de dire qu'elle étoit faite sur les deux MSS. & il ne nomme que le premier. Cette omission a sans doute fait tort à son annonce; & quoiqu'il ajoute que la multitude des variantes importantes rendroit une nouvelle édition utile & nécessaire, presque personne jusqu'ici n'y a fait attention. Les hommes de Lettres que le genre de leurs recherches devoit y engager, n'ont eu recours ni à la collation, ni au MS. Seulement le P. da Prato, savant Oratorien de Vérone, demanda & obtint en 1746, copie d'une très-petite partie du travail de Dom Pouget. Il s'en est servi avec fruit dans une Dissertation sur les deux Livres de la chronique d'Eusèbe (3), dirigée principalement contre les paradoxes chronologiques de M. Vallarsi dernier Editeur de S. Jérôme. C'est par cet Ecrit que j'ai vu que notre Bénédictin avoit conféré les deux MSS.

Le desir de connoître & de perfectionner, s'il m'étoit possible, l'ancienne chronologie, m'ayant engagé à une étude particulière du Syncelle, je me suis assuré d'abord que l'Ouvrage de Dom Pouget ne se trouvoit plus à la Bibliothèque de Saint Germain-des-Prés. J'ai pensé à le refaire, & c'est ce que j'ai exécuté il y a cinq ans (4), avec tout le soin que l'amour de la chose pouvoit m'inspirer. J'y ai ajouté, pour le dernier quart, la collation d'un bon MS. de Coislin ou Séguier (5), du douzième siècle, dont je dois la communication à la politesse obligeante de Dom Patert. Quant au Nicéphore, j'ai profité aussi du même MS. & de tous ceux du Roi qui sont en grand nombre; de plus j'ai comparé toutes les éditions. Ensuite de peur qu'il n'arrivât à ma collation du Syncelle la même chose qu'à celle de Dom Pouget, je l'ai transcrite sur les marges de deux exemplaires, dont l'un m'appartient; l'autre est celui de la Bibliothèque du Roi.

Une telle entreprise n'étoit pas sans intérêt de ma part, & j'en ai pro-

(1) à Sync. p. 299. B.

(2) B. B. mss. To. 2. p. 1151.

(3) Veronæ. 1750. 8°.

(4) En 1773.

(5) MS. Coislian. 133, al. Seguer. 356.

fité d'abord pour moi-même en essayant d'appliquer à diverses parties de la Chronologie le secours inestimable & inespéré des nouvelles leçons. Plusieurs personnes éclairées après en avoir vu divers échantillons, m'ont engagé à reprendre le projet d'édition proposé par Dom Montfaucon. Convaincu de la solidité de leur avis, je n'ai pas tardé à me livrer aux travaux qu'exige un pareil dessein ; & je les continuerai, si le Public, qui pourra aujourd'hui, MM. en prendre connoissance par la voie de votre Journal, paroît y être favorable.

Voici ceux qui me paroissent indispensables, après la révision & le rétablissement du texte. Il faut corriger presque par-tout la version dans les endroits chronographiques, & la refaire en entier dans les endroits chronologiques, qui font une très grande partie du Livre. Il faut refondre presque toutes les notes du P. Goar, & en ajouter de nouvelles. La Table chronologique qu'il a dressée sous le titre de *Canon Chronicus*, exige aussi diverses corrections & augmentations. Il est spécialement nécessaire d'y ajouter, dans une colonne hors d'œuvre, le *criterium* qui leur manque, je veux dire les années de la Période Julienne, jointes à celles avant ou depuis Jesus Christ selon notre Ere vulgaire. Enfin, il s'agira d'examiner & de fixer dans une suite de Dissertations les Chronologies particulières de divers Auteurs Ecclésiastiques ; tant le Syncelle lui-même, que ceux qu'il nous a fait connoître, & ceux qui ont des liaisons avec les premiers. Ces recherches fondamentales m'ont occupé d'abord ; & quoique j'aie trouvé des secours considérables chez plusieurs Sçavans modernes, je vois qu'ils ont laissé en arrière bien des difficultés. Je citerai pour exemple la Chronologie de Jules Africain, qui jusqu'ici n'a pas encore été restituée. Au reste, l'utilité de cette partie de mon travail n'est pas seulement directe : comme l'Antiquité entière a passé par les mains des premiers Auteurs Chrétiens, une étude spéciale de leurs édifices chronologiques nous conduit naturellement à une connoissance plus parfaite de la Chronologie profane ; & dans bien des circonstances, celle-ci n'est restée couverte de nuages aux yeux de nos Critiques, que parce qu'ils ont trop négligé cette méthode.

Si vous avez la bonté, Messieurs, d'insérer cette Lettre dans votre Journal, les Sçavans, étrangers & nationaux, doivent la regarder comme une annonce : je m'en rapporterai à leur décision sur l'utilité ou sur les inconvéniens de mon projet. S'ils l'approuvent, les conseils & les secours qu'ils pourront me faire parvenir, & que j'implore ici, seront pour moi un puissant encouragement. Tel homme de lettres a peut-être dans ses porte-feuilles des morceaux précieux sur ces matières. En voici un exemple qui est venu à ma connoissance. M. Jean Vander-Hagen, sçavant Hollandois, qui à la fin de ses jours a fait imprimer (1) cinq volumes d'excellentes Observations sur les Cycles Paschals, sur le Canon Astronomique & sur plusieurs Chronographes Ecclésiastiques, a laissé en manuscrit des Observations particulières sur le Syncelle (2) & sur Eusebe (3). Si elles subsistent encore, & s'il y avoit moyen de les joindre à l'Edition projettée, elles se trouveroient à leur place naturelle; elles feroient suite aux travaux de leur Auteur, & les Sçavans de Hollande, en nous les communiquant, serviroient le Public & la mémoire de leur docte compatriote. Je ne me permettrois d'y rien retrancher ni ajouter; si ce n'est des notes détachées auxquelles les nouvelles leçons pourroient donner lieu. Au reste, quand je n'obtiendrois point cette communication, du moins si en réveillant l'attention publique sur l'ouvrage d'un Sçavant estimable, il arrivoit que j'en procurasse l'édition, je serois également satisfait. Mon Auteur en seroit d'autant mieux éclairci; c'est tout ce que j'ai en vue.

Parlerai-je d'une version esclavonne du Syncelle & de Théophane, monument singulier de l'estime qu'on a eu pour ces Auteurs? Dom Montfaucon, transcrivant un ancien Inventaire dressé en 1686 de la Bibliothèque de Coislin ou Séguier, où se trouvoit un exemplaire manuscrit de cette Traduction (4), nous fait connoître quarante-cinq MSS. esclavons. Mais il est certain qu'il n'en est venu qu'environ une demi-douzaine à la Bibliothèque de S. Germain-des-Prés, parmi lesquels celui-là ne se trouve pas: c'est un éclaircissement dont je suis redevable à la complaisance de Messieurs les Bibliothécaires. Soit donc que ce MS. existe encore quelque part; soit qu'on puisse espérer d'en découvrir quelque autre semblable, fût-il dans l'Empire de Russie; je me recommande ici aux personnes qui seroient à portée de m'en donner avis, & qui s'intéressent à l'avancement des Lettres. Dans le cas d'une découverte, je ne serois point importun au possesseur. Quatre ou cinq passages difficiles, où le grec actuel de notre Auteur ne me satisfait pas, sont tout ce que je voudrois faire extraire de cette version, supposé qu'elle contienne le Syncelle entier; si elle ne renfermoit que le dernier quart, je n'aurois qu'un ou deux endroits à vérifier. Voilà les secours que je desire, supposé qu'il soit possible de me les procurer. Je me repose sur la bonne volonté des Gens de Lettres, pour ceux qui me sont inconnus.

Je crois qu'il est à propos, MM., de rapporter quelques-unes des cor-

(1) Amstel. 1733, 34, 35, 36: 5 vol. in-4°.

(2) v. d. Hagen, Dissert. de Cyclis Paschalib. p. 66 & 93.

(3) Id. Observ. in Prosperi Chron. p. 25.

(4) B. B. MSS. To. 2. p. 1042 C, col. 1.

rections que les nouvelles leçons peuvent introduire dans le texte du Syncelle. Comme il n'y a presque aucune page dans l'Auteur qui n'en fournisse de plus ou moins importantes, il me seroit facile d'en remplir un volume entier. Mais on voit assez qu'un pareil détail seroit expressément contraire à mon dessein ; & ici je dois me borner à un petit nombre d'exemples, propres à satisfaire les personnes qui ne sont pas à portée de consulter l'exemplaire annoté de la Bibliothèque du Roi, dont j'ai parlé. Au reste, je tâcherai de choisir les endroits qui ne demandent que peu de discussions ; & non ceux qui, après la correction textuelle, exigeroient des éclaircissemens trop longs ou des dissertations en forme.

Une des fautes les plus essentielles du P. Goar, c'est l'omission des renvois marginaux qui appartiennent au texte. Je citerai les deux premiers exemples qui se rencontrent. Dans le Syncelle, page 10 D, il est question de l'ordre suivant lequel l'Auteur d'un certain Livre apocryphe dit que les prières de toutes les créatures sont présentées chaque jour à Dieu : le passage finit dans l'imprimé par le mot οὕτως, *sic*, qui demande une suite. Le renvoi oublié contient effectivement une énumération de douze heures & de douze espèces de créatures dont les prières sont présentées ; il y a un endroit parallele dans Cedrene. Remarquons en passant, comme un vestige d'antiquité, dont nous donnerons des exemples ailleurs, cette division du jour & de la nuit en douze heures seulement.

Page 20 C, on lit dans l'imprimé : Ὁ δὲ Εὐσέβιος περὶ τοῦ Μαθουσάλα φησὶν, ὅτι τοῦτον ὑπερβῆναι τὸν κατακλυσμόν. καὶ ταῦτα μὲν ὁ Εὐσέβιος. Rétablissons par le moyen d'un renvoi marginal du manuscrit : Ὁ δὲ Εὐσέβιος περὶ τοῦ Μαθουσάλα φησὶν, ὅτι τοῦτον ὑπερβῆναι τὸν κατακλυσμὸν ὁ τῆς ζωῆς αὐτοῦ ἀριθμὸς παρίστησιν. εἴδομεν δέ τινα τῶν ἀντιγράφων ἔχειν, ἐπέζησεν δὲ ἔτη ψπβ'. κατὰ τόνδε τρόπον, οὐκ εἶδε τὸν κατακλυσμόν. καὶ ταῦτα μὲν ὁ Εὐσέβιος. J'ai suppléé dans ce passage quelques mots ou syllabes emportés par la vétusté ou par la rognure de la marge : τοῦ α', dans αὐτοῦ ἀριθμός : ομεν δέ, dans εἴδομεν δέ : ροπὸν, οὐκ εἶδε, dans τρόπον, οὐκ εἶδε. Je traduis : *Eusebius verò de Mathusala hæc tradit, scilicet numerum annorum ejus vitæ in versione LXX Virorum expressum, evincere ipsum superstitem vixisse diluvio.* « *Sed scimus* (*inquit*) *exem-* » *plaria istius versionis quædam ha-* » *bere :* Supervixit autem (*filii procreationi*) annos 782 ; *pro* 802. » *quo pacto diluvii tempora non attigit.* » *Et hæc quidem Eusebius.* J'ai rapporté cet exemple pour montrer que ma collation ne seroit pas inutile, quand même nous aurions celle de Dom Poujet. Voici comme il a lu cet endroit, que je trouve cité dans la Dissertation du P. da

Prato (1). Ὁ δὲ Εὐσέβιος περὶ τοῦ Μαθουσάλα φησὶν, ὅτι « τοῦτον ὑπερ- » ϐῆναι τὸν κατακλυσμὸν ὁ τῆς ζωῆς » αὐτοῦ ἀριθμὸς παρίστησιν. εἰ δὲ.... » τινὰ τῶν ἀντιγράφων ἔχειν ἔτη ἑ » δὲ (2) τὸν κατακλυσμόν. » Καὶ ταῦτα μὲν ὁ Εὐσέϐιος. κ. τ. λ. Sur ce mauvais texte le P. da Prato n'a pu faire une meilleure version que celle-ci : *Eusebius verò de Mathusala hæc tradit ; nimirum*, numerum annorum ejus vitæ evincere ipsum superstitem fuisse diluvio : siu vero....... quædam exemplaria habere......... diluvium. *Et hæc quidem Eusebius*, &c.

Le P. Goar a partagé souvent, non-seulement en deux phrases, mais encore deux alinea, les parties d'une même phrase ; ce qui a produit des contre-sens très-singuliers. Dans Sync. pag. 202, ligne dernière, & pag. 203, lig. 10, il faut lire avec les manuscrits : Πολλὰ καμὼν περὶ τῆς συμφωνίας τῶν δύο βασιλειῶν, - - - μόλις ἠδυνήθην σύμφωνον εὑρεῖν τὸ πρῶτον ἔτος Ὠσηὲ πρὸς τὸ ιϐ' Ἀχάζ. On voit assez que c'est le Syncelle qui parle ici. Je traduis : *Cum multum desudaverim in conferendis annis Regnorum Juda & Israelis*, - - - *vix tandem effeci ut primus Osee annus Achazi duodecimo, ad mentem scripturæ* (4 *Reg. XVII*, 1,) *coincideret*. Le P. Goar suppose avant πολλὰ καμὼν une petite lacune qui n'est point dans les MS. : il y insère en marge le mot Ἐζεκίας, & il traduit : *Ut geminum Hebræorum regnum* - - - *in unum coiret, omni studio Ezecias contendit*, (2 *Paralip. XXX*.) Il ouvre ensuite un alinea, où le Syncelle parle en personne.

D'autres fois, pour avoir mal lu un mot, il a supposé des lacunes dans des endroits qui n'en ont point & qui sont très-simples. Sync. pag. 100. A, B : Σάρα τὴν Ἄγαρ κενὴν ἀπέστειλεν κληρονομίας Ἀϐραὰμ **** ************** εὐσεϐῆ μὴ συναπολέσθαι δίκαιον ἐδυσώπει. Lisez, suivant les deux manuscrits : Σάρα τὴν Ἄγαρ κενὴν ἀπέστειλεν κληρονομίας. Ἀϐραὰμ ἀσεϐεῖ μὴ συναπολέσθαι δίκαιον ἐδυσώπει.

Aucun des endroits précédens n'est dans l'Eusèbe de Scaliger. Prenons-en quelques-uns qui s'y trouvent, & qui en même-tems intéressent davantage la Chronologie ; nous comparerons les procédés des deux Editeurs.

Dans le Syncelle, pag. 167, 168, on lit un grand extrait de l'Historien Céphalion sur la Chronologie d'Assyrie, accompagné des remarques du Syncelle. Le texte & la version sont dans un état si déplorable qu'il faudroit une longue Dissertation pour corriger & examiner l'endroit entier. Je me contenterai de rapporter la faute la plus étrange, & qui a jetté tous les Chronologistes dans le précipice. Page 168 A. de l'édition du P. Goar, Céphalion dit ; Μητραίου

(1) De Chronicis libris duob. Eusebii Dissert. pag. 482 - - 485.

(2) Le P. da Prato a oublié de mettre ici des points ; mais sa version fait voir que Dom Pouget en avoit mis.

δὲ τὴν ἀρχὴν διαδέχεται Ταυτάνος ζ' καὶ αὐτὸς κατὰ ἔθη τὰ Ἀσσυρίων καὶ νόμους. Vis-à-vis du ζ' le P. Goar écrit en note à la marge: *Infrà* Ταυτάνος κβ'. Et il met dans sa version : *Metræi regno successit Tautanus ordine 22 juxtà consuetudinem & leges ab Assyriis usitatas rex acceptus.* Effectivement, suivant un raisonnement que le Syncelle fait un peu plus bas, ce Tautanus se trouveroit le 22e Roi selon Céphalion. Mais ce n'est qu'un raisonnement ; & il est faux, parce que le Syncelle ne s'est pas donné le tems d'étudier le morceau de l'Historien qu'il transcrivoit. Métrée & Tautanus sont deux Rois consécutifs, à savoir le 26 & le 27, dans toutes les listes grecques & latines que nous avons des Rois d'Assyrie, commençant à Belus ; & il n'y a rien qui nous conduise à croire que Céphalion différât sur ce point des autres Ecrivains. Aussi Scaliger (*in Euseb. Gr. Lib.* 1. *p.* 30. *lin.* 33 *edit.* 1.) écrit-il Ταύταν⋅ς ζ' καὶ κ' αὐτὸς, &c. sans avertir qu'il introduit dans le texte un chiffre de sa façon. Plusieurs Chronologistes n'y regardant pas de plus près, ont adopté la correction du P. Goar & son chiffre 22 : ils ont supposé que Céphalion avoit eu des opinions particulières sur la Chronologie d'Assyrie. En conséquence ils ont corrompu par des explications tout son morceau ; enfin ils ont bâti de faux systêmes. Des Vignoles plus attentif que les autres, s'y est pris d'une manière qui lui est particulière. Il rejette la prétendue correction de Scaliger, comme une falsification, en quoi il a raison. Il rejette aussi celle du P. Goar ; & prenant son texte tel qu'il est, il traduit d'une manière toute nouvelle (1) : *Le Roi Métrée eut Tautane pour septième successeur, suivant la Coutume & les Loix des Assyriens.* Au moyen de ce passage, étayé d'un anachronisme que le Syncelle commet hardiment & qu'il pallie fort mal (2) ; Des Vignoles (en admettant un Tautanes ou Teutamus [I] pour successeur immédiat de Métrée) place sept règnes plus bas un Tautanes ou Teutamus II (3), qui en vérité, est un Roi de sa seule creation. Cette faute est grande sans doute ; j'ose bien dire néanmoins que l'illustre Chronologiste y a été conduit nécessairement par celles du texte qu'il avoit sous les yeux. Le vrai texte tiré des MS. fera disparoître comme des nuages emportés par le vent tous les systêmes qu'on a bâtis sur ce passage. Le voici : Μητραίου δὲ τὴν ἀρχὴν διαδέχεται Ταυτάνος, ζῶν καὶ αὐτὸς κατὰ ἔθη τὰ Ἀσσυρίων καὶ νόμους. Il faut traduire : *Metræo successit Tautanus, qui & ipse juxtà receptos Assyriorum mores & leges vitam in desidiâ consumpsit.* Les deux dernières lettres de ζῶν sont écrites dans le premier MS. par une abbréviation bien formée au-dessus de laquelle on voit l'accent circonflexe, & je

(1) Des Vign. Chronol. Sainte, To. 2, p. 265.

(2) Sync. p. 155 A, 167 A.

(3) Des Vign. l. c. pag. 164, 269.

ne sais où les Editeurs ont eu les yeux pour ne pas s'en appercevoir ; dans le second MS. ζῶν est en toutes lettres. Maintenant je le demande, quand un Critique auroit proposé cette correction de lui-même, auroit-elle été tant pour lui que pour ses lecteurs, autre chose qu'une conjecture ? Auroit-elle eu quelque autorité en Chronologie, & les faux systêmes auroient-ils été obligés de céder ? De tels exemples font respecter les mss. & démontrent la nécessité d'y recourir.

Une des parties les plus précieuses de l'Ouvrage du Syncelle, consiste en des Catalogues d'anciens Rois, dont un bon nombre ne se retrouvent point ailleurs. Dans le premier MS. plus d'une de ces listes est défectueuse par l'omission de divers Princes. Depuis un siècle & davantage elles ont été réimprimées dans un infinité de Livres, & toujours avec les mêmes lacunes. La plûpart seront remplies à l'avenir, quelquefois par le premier & le second MS. plus souvent par le second seul. Je vais citer un exemple, non le plus intéressant, mais celui que je puis produire avec le moins de discussions. L'Eusèbe grec de Scaliger (pag. 14. édit. 1,) & le Syncelle (pag. 92.) nous annoncent une suite de six Rois Arabes antérieurs aux Assyriens ; & la liste qui est jointe n'en contient que cinq. Le sixième est marqué en blanc par Scaliger : chez le P. Goar, c'est le second, & cela est mieux. L'omission est à cette place dans le premier MS. le second la supplée, & j'y lis tout au long : ϛ'. Ἀράϐων δεύτερος. ἐϐασίλευσεν Μαρδακὸς ἔτη μ'. τοῦ δὲ κόσμου ἦν ἔτος ͵γμα. Voilà un Roi Mardacus qui sort pour la première fois des ténèbres de l'oubli. N'omettons point de dire qu'il faut corriger ici dans le Syncelle une légère faute, dont il fournit ailleurs plusieurs exemples. Les durées des trois premiers règnes & leurs époques dans les années du monde sont marquées comme il suit :

| | | |
|---|---|---|
| 1. Mardocentes. | 45. | 3001. |
| 2. Mardacus. | 40. | 3041. |
| 3. Sisimardacus. | 28. | 3086. |

Les années du monde montrent que les durées des deux premiers Rois sont transposées : le premier doit avoir régné 40 ans & le second 45.

Quoique la plûpart des fautes & des corrections de notre Auteur doivent concerner la Chronologie, il ne laissera pas d'y en avoir un bon nombre qui intéresseront aussi la critique. En voici un exemple assez curieux. Il s'agit d'un Hercule connu chez les Phéniciens, les Cappadociens & les habitans d'Ilium ou de Troie, sous un nom oriental que Scaliger a écrit par deux fois Διωδὰν (1), & le P. Goar Διϐδῆν (2), l'un & l'autre d'après le premier MS. Cette différence vient de ce que dans ce MS. le ϐ est très-souvent figuré

(1) Eus. Gr. Lib. I. p. 26. lin. 39, & Lib. II. p. 96 ; édit. 1.

(2) Sync. p. 153 D.

guré

guré comme notre *u* voyelle, & de ce que l'ω, quand il y eſt mal peint, en approche beaucoup. Cependant, avec de l'attention, il y a ordinairement moyen de diſtinguer ſi le Copiſte a voulu écrire ϐ ou ω. En particulier, je reconnois ici que Scaliger a mal lu, & que le mſſ. porte Διϐδᾶν, comme a lu le P. Goar. Mais qu'eſt-ce que cet Hercule Dibdan?

Notre embarras augmentera, ſi nous ouvrons l'endroit parallèle dans l'Euſèbe de S. Jérôme. Scaliger, num. 498, écrit *Deſanaus :* Pontac, num. 505, écrit *Deſinaus ;* & il a trouvé dans ſes divers MS., *Deſanaus*, *Doſenaus*, *Deſinaus*, *Deſinas*, *Deſonaas*, &c. (1). Mais il eſt bon de rapporter le paſſage entier. Voici le latin de S. Jérôme : *Hercules cognomento Deſanaus in Phœnice clarus habetur, unde & ad noſtram uſque memoriam Cappadocibus & Elienſibus* ( d'après le grec il faut *Ilienſibus*) *Deſanaus adhuc dicitur.* Voici le grec du Syncelle: Ἡρακλέα τινές φασιν ἐν Φοινίκῃ γνωρίζεσθαι Διϐδᾶν ἐπιλεγόμενον, ὡς * καὶ μέχρι νῦν ὑπὸ Καππαδόκων καὶ Ἰλιέων **. Dans les MS. latins ce paſſage eſt écrit ſous l'an 8, ou plus communément ſous l'an 1 avant le gouvernement de Moyſe; le grec ne le rapporte point à une année déterminée. Après cela, nous demanderons encore une fois, Qu'eſt-ce que Dibdan? & qu'eſt-ce que Deſanaus?

M. Fourmont qui veut que tous les Hercules dont il a jamais été parlé dans l'Orient (2), ſoient Eſcol, Cananéen allié d'Abraham (3), n'oublie point d'appliquer à Eſcol le nom de Deſanaus; s'inquiétant peu au reſte de ce que l'Hercule Deſanaus ne paroît dans la Chronique d'Euſèbe que quatre ſiècles après Abraham. Deſanaus ou Doſenaus eſt, ſuivant lui (4), pour Dou'ſſanaa, qui en arabe ſignifieroit *le Seigneur de Sanaa ;* & en conſéquence il donne à Eſcol l'inveſtiture de la terre de Sanaa. On dira, peut-être, qu'on ne voit point par l'Ecriture que le Cananéen Eſcol ait été aſſez puiſſant pour poſſéder, à quatre ou cinq cens lieues de ſon pays, la plus belle contrée de l'Arabie heureuſe. Mais c'eſt que l'Ecriture, ſelon M. Fourmont, n'a eu occaſion de parler que de ſes premières armes. Pour lui, il nous donne la ſuite de ſon hiſtoire. Eſcol devient Général d'Eſau ou Oſiris, petit-fils d'Abraham. A l'âge de 160 ans, qui pour ces ſiècles-là n'étoit pas un âge décrépit (5), il ſoumet, en ſa qualité d'Hercule, l'Arabie, l'Ethiopie, l'Inde, il ſe rend maître de Sanaa : le tout par le ſecours du mot

(1) Pontac. Not. in Euſ. Chron. p. 271.

* Edit. malè ὃς.

** Cod. 1 & Edit. adjiciunt οὕτω καλεῖσθαι.

(2) Fourm. Reflex. Critiq. ſur les Hiſt. To. I, p. 206, 213.

(3) Gen. XIV. 13.

(4) Fourm. p. 203.

(5) Fourm. p. 211.

Desanaus, & au moyen du changement de l'*s*, seconde lettre de son nom, en *r*.

Bochart s'est aussi exercé sur notre Hercule. Mais il n'a pas pris tant d'essort, & il en a fait un conquérant moins terrible. Il étoit occupé à chercher l'étymologie du nom de Didon (1), qui lui a paru venir d'un mot désignant l'amour. Diodan s'est présenté à sa mémoire; il l'a préféré à Desanaus: *sed è græco textu censeo Diodan* RESTITUENDUM. Il lui a donné la même origine qu'à Didon; en un mot, à l'aide de deux vers de Nonnus (où il ne faut pas croire cependant qu'il soit nommé) il en a fait un Hercule présidant aux amours. Et tout cela, parce que Scaliger a mal lu un mot.

Mais pourquoi interroger plus long tems nos sçavans Critiques sur la nature & sur le nom d'un Dieu qu'ils n'ont pu que méconnoître? Ouvrons plutôt notre second MS.; lui seul pourra nous fournir une *restitution* assurée. En place de Διϐδᾶν, j'y lis Δισαυδὰν bien écrit. Pour tirer de-là tout le fruit possible, je remarque d'abord entre ce mot & tous ceux des MS. latins, un certain accord, une certaine affinité, qui me font recevoir Δισαυδὰν pour la leçon originale, & rejetter Διϐδᾶν comme une leçon corrompue. De toutes les leçons latines, *Desonaas* est celle qui approche le plus du vrai. L'obstination des MS. latins à ne point mettre de *d* à la fin de ce mot, me paroît prouver qu'effectivement S. Jérôme aura écrit *Desonaas* ou *Disanaas*. La ressemblance du Δ & de l'Α, non-seulement dans l'écriture majuscule, mais encore dans une écriture cursive autre que celle de nos imprimés & de nos manuscrits modernes, aura fait lire à S. Jérôme Δισαυαὰν au lieu de Δισαυδὰν dans le texte d'Eusèbe, que le Syncelle, comme je crois, a transcrit ici mot à mot. Au lieu de l'accusatif, la tournure de la phrase de S. Jérôme l'a obligé à substituer le nominatif *Disanaas*. Plusieurs de ses copistes, gens ignorans & des bas siècles, ont été offensés de cette désinence, à laquelle ils ont substitué celle en *us* plus commune. C'est ainsi que s'est formée la leçon *Desanaus*.

Il s'agit maintenant de rendre raison du mot Δισαυδὰς; & la chose est facile, à ce que je crois. Ce nom paroît être persan, & composé de deux autres. Le premier, *Di* ou *Dei*, est un des anciens noms persans de la Divinité; des Auteurs orientaux cités par Golius (2), le comptent entre ceux du Dieu suprême, & il faut bien qu'on l'ait donné aussi à des Dieux secondaires ou à des Héros, tels que notre Hercule paroît avoir été. Σάνδας, ou suivant une autre terminaison, Σάνδης, se trouve dans Agathias; & il s'y trouve être précisément l'Hercule des Perses

(1) Boch. Canaan, I, 24.

(2) Gol. ad Alfergani Elem. Astrom p. 37, 40, 41.

Voici son passage (1) : *Antiquitùs Persæ Jovem & Saturnum cæterosque omnes Deos à Græcis celebratos colebant, eo excepto, quod non easdem appellationes retinerent; sed Belum quidem Jovem fortasse, & Sandem* [Σάνδην] *Herculem, Anaïtida Venerem, aliterque alios vocabant; ut alicubi Berosus*, &c. L'Anaïtis ici nommée est très connue; son culte étoit répandu au loin dans tout l'Orient, & en particulier dans la Cappadoce, suivant divers témoignages des Anciens. Le Di Sandas d'Eusèbe étoit honoré dans la même contrée : peut-on douter qu'il ne soit le même que le Sandès placé par Agathias à côté d'Anaïtis?

Ici la curiosité se porte plus loin, & sans doute il n'est personne qui ne soit bien aise de savoir si cet Hercule oriental ne se retrouve pas dans les écrits des Orientaux modernes. Si je ne craignois de déplaire par une recherche trop étendue sur ce personnage, j'essairois de montrer que Sandès, ou, en ôtant la finale ajoutée par les Grecs, Sand, est le même que Sâm surnommé le Cavalier, Héros Perse ou Iranien très-célèbre dans les Livres des Persans (2) & dans ceux des Parsis (3), sous les règnes de Feridoun & de Manougeher septième & huitième Rois Pischdadiens. Je prouverois que non-seulement les noms, mais aussi les tems s'accordent (4). Je profiterois de ce petit trait historique placé dans Eusèbe une trentaine d'années plus haut, Χαλδαῖοι κατὰ Φοινίκων ἐστράτευσαν (5), *Chaldæi contrà Phœnices dimicant* (6); trait que Scaliger (7) avoue ne pas comprendre, & que tous les autres Critiques paroissent avoir laissé de côté. Si Sand est Sâm, cette guerre des Chaldéens contre les Phéniciens doit être celle de Manougeher (8) Roi des provinces du milieu de l'Empire Persique (9), contre Salm Roi des provinces occidentales du même Empire (10), & non en général de celles qui depuis ont composé l'Empire Romain, comme veulent les Romanciers orientaux (11). Si Sand est Sâm l'Iranien, je dirai encore que dans le passage d'Eusèbe sur Herculé, le sens de ces mots, *Disandas in Phœnice clarus habetur*, n'est point que Sandas est un Héros indigène de la Phénicie, mais qu'il est un Héros étranger dont l'Auteur ne marque pas en cet endroit l'origine, & qui se distingua dans la Phénicie par ses exploits. On se rap-

(1) Agath. de reb. Justiniani Lib. 2, p. 62.

(2) D'Herbelot, au mot Sam souvar.

(3) M. Anquetil, Zend-Av. To. 2. p. 95.

(4) Lisez l'Article Manougeher dans d'Herbelot.

(5) Sync. p. 153 C.

(6) Eusebius Hieronymi.

(7) Scal. Animadv. ad Euseb. n. 472.

(8) Lisez d'Herbelot au mot Feridoun.

(9) Au mot Manougeher.

(10) Au mot Salm.

(11) Au mot Feridoun.

pellera ici que des deux Livres chronologiques composés par Eusèbe, le second n'est, pour ainsi dire, qu'une répétition abrégée du premier. Dans celui-ci les faits étoient narrés; dans celui-là ils n'étoient qu'indiqués. L'inconvénient étoit nul pour ceux qui avoient l'un & l'autre; il est quelquefois une source d'obscurités & d'équivoques pour nous qui ne possédons que le second. Je m'arrêterai ici, & je n'examinerai pas ce qui a pû donner lieu à l'Auteur inconnu qu'Eusèbe copie & abrége sur ce sujet, de supposer une expédition de Sâm en Phénicie.

Quoique sur le texte proposé je me sois restraint aux observations nécessaires pour en assurer la correction, j'ai peut-être passé les justes bornes. Je n'entamerai point d'autre article, de crainte de tomber dans un plus grand inconvénient; car je vois que le choix entre les anciennes & les nouvelles leçons, pour peu qu'elles soient importantes, oblige le plus souvent à de semblables détails. Si je m'étois attaché à extraire toutes celles qui appartiennent à une même branche de la Chronologie, j'aurois été beaucoup plus étendu; & les objets étant plus liés, auroient été plus intéressans. Les exemples détachés auxquels j'ai été obligé de me borner dans cette annonce, pourront néanmoins faire juger de l'utilité d'une édition, qui en offriroit de pareils plus qu'elle ne contiendroit de pages.

J'ai l'honneur d'être, MM. &c.

PARQUOY, *Commis en second à la garde des Manuscrits de la Bibliothèque du Roi.*

www.ingramcontent.com/pod-product-compliance
Lightning Source LLC
LaVergne TN
LVHW020447230826
846091LV00004B/1582

* 9 7 8 2 0 1 3 6 2 1 0 9 0 *